예수 이야기

인생의
한중간을 지나는
우리를 위한

엔딩
라이팅

노윤주 지음

북스톤

Prologue

인생의 한중간을 지나는 우리를 위한 '엔딩 라이팅'

아침에 행복하게 눈뜰 수 있는 비법은?
오늘을 온전히 만끽하는 비법은?
인생을 후회 없이 사는 비법은?
하기 싫은 일을 하지 않는 비법은?
미래를 지나치게 걱정하지 않는 비법은?
이것저것 재지 않고 도전하며 사는 비법은?
하고 싶은 일을 언젠가로 미루지 않는 비법은?
실패를 인정하고 다시 일어서는 비법은?
무기력의 수렁에서 빠져나오는 비법은?

소중한 사람들에게 마음을 표현하는 비법은?
피곤한 인간관계를 정리하는 비법은?
돈에 너무 얽매이지 않는 비법은?
남들 눈치를 보지 않는 비법은?
SNS를 그만 볼 비법은?
남이 아닌 내 인생을 사는 비법은?
새로운 인생을 시작할 비법은?

그러니까,
잘 사는 비법은?

비법은 하나.
오늘이 '마지막 날'이라고 생각하며 사는 것이다.

김영민 교수는 그것을 이렇게 썼다.
"필멸성을 염두에 둔 자의 인생 질감은 그렇지 않은 자의 질감과 다르다."

정말 멋지다.

나는 늘 잘 살고 싶었다. 살맛 나게 살고 싶었고, 사는 것처럼 살고 싶었고, 두려워도 하고 싶은 것을 하며 살고 싶었다. 후회 없이 살고, 웃으면서 죽고 싶었다. 그래서 그 비법을 알려줄 책들을 찾아 읽었다. 선인들은 깊은 사유와 뛰어난 필력으로 한목소리를 내고 있었다.

"Memento mori."

"죽음을 기억하라." 곱씹을수록 맞는 말이었다. 생각해보면 그랬다. 수능 날짜를 책상머리에 붙여뒀기 때문에 더딘 수험 생활 1년을 견뎌냈다. 정상까지 2킬로미터 남았다는 이정표 덕분에 물 한 모금 마시고 다시금 힘을 냈다. 봄이 짧다는 걸 알기 때문에 하루하루 아까워하며 산책을 즐겼다. 휴가가 며칠 남았는지 매일 셌기 때문에 순간순간을 소중히 여기며 보냈다. 끝을 생각하는 마음 덕분에 살면서 많은 일을 더 훌륭하게, 더 기꺼이 해낼 수 있었다.

인생도 마찬가지다. 모두가 죽고, 나 역시 죽는다. 언제 죽을지 모른다는 것이 아주 먼 미래에 죽는다는 의미는 아니다. 두렵지만 이렇게도 생각해볼 수 있다. 인생의 끝이 가까이 있다고 여기는 것만큼 오늘을 끝내주게 살게 하는 힘은 없다. 죽음의 문턱까지 가본 사람들이 비로소 인생의 주인이 되는 것이 그 증거가 아닐까.

하루라도 젊을 때, 아프지 않고 건강할 때 이 비법을 알게 돼서 정말 다행이었다. 그 가르침대로 죽음을 매일의 일정으로 잡고 체감하며 하루하루를 살아보기로 마음먹었다. 하지만 이 굉장한 비법을 알았는데도 실행하기가 쉽지 않았다. 자꾸만 죽음을 까먹었다. 나의 일정표에는 회의 다음에 또 회의, 보고 다음에 또 보고, 카드값 나가는 날 다음에 보험금 나가는 날, 치과 가는 날, 친구 생일, 가족 여행, 강의, 등산, 술 약속, 전세 만기일, 엔진 오일 교체 등이 빼곡히 적혀 있기 때문이었다. 코앞에 닥친 일정들을 도장 깨듯 처리하다 보면 늘 헷갈리는 내 나이처럼 죽음은 가물가물해졌다. 혼자서는 기억하기 힘드니 친구들에게 '죽음을 이야기하는 정기 모임'을 제안해볼까 생각도 해봤지만, 죽음은 여전히 금기시되는 주제라 이야기를 꺼내기가 쉽지 않았다.

그렇게 죽음이 일상에서 점점 더 멀어지는 사이, 인생에 군살이 잔뜩 붙었다. 남의 성공담을 따라 하고, 타인의 평가가 기준이 되고, 스트레스 때문에 이명이 생기고, 바빠서 행복하다는 이상한 말을 하고, 바쁘답시고 엄마 전화를 받지 않고, 하고 싶은 일을 언젠가로 미루고, "사는 게 다 똑같지 뭐"라는 말로 스스로를 위안했다. 그러나 퇴근 후 군살이 낀 몸을 씻고 편안한 침대에 누우면 불편한 생각들이 꼬리를 물었다. 이 회사가 나의 마지막 회사일까. 이 관계는 꼭 유지해야 할까. 내 선택지에 다른 인생은 없을까. 다른 인생을 선택할 용기는 있는가.

군살이 굳은살이 되기 전에 특단의 조치를 취해야 했다. 어떻게 하면 오늘이 마지막 날이라고 체감하며 살 수 있을까? 어떻게 하면 죽음을 되새기는 시간을 직장인의 점심시간처럼 일상적이고 필수적인 일정으로 만들 수 있을까? 나의 엔딩을 '유연하게 그리고 구체적으로' 상상할 수 있는 방법은 뭘까?

나는 카피라이터와 광고기획자로 20년 넘게 일하고 있다. 모든 브랜드는 반드시 해결해야만 하는 문제를 서너 개씩 가지고 있는데, 내가 하는 일은 그 희한하고 골치 아픈 문제들을 창의적으로 해결하는 것이다. 그렇다면 죽음을 자꾸 까먹는 문제도 직업의 전문성을 살려 해결할 수 있지 않을까? 당면 과제를 한번 정리해봤다.

> **프로젝트 배경:** 사람은 누구나 잘 살고 싶어 한다.
> **목표:** 잘 살기 위해 죽음을 상기하는 빈도와 체감 정도를 높인다.
> **타깃:** 죽음이 아직은 남의 일 같은 우리들.
> **문제:** 타깃은 죽음을 염두에 두고 살기에 너무 바쁘다.
> **솔루션:** _____
> **기대 효과:** 자기다운 인생을 개척하게 된다.

과제를 정리하니 할 일이 명확해졌다. 아무도 내게 일을 의뢰하지 않았지만, 스스로 솔루션을 내어 글로 써보기로 마음먹었다. 솔루션의 이름은 '엔딩 라이팅'이라 지었다.

이 책은 여러분께 먼 훗날의 죽음을 코앞으로 끌어와 인생을 살맛 나게 만들자는 비논리적이고 비이성적인 제안을 할 것이다. 제안은 황당하지만 방법론은 실질적이다. 내 인생의 엔딩을 기획하는 6가지 창의적 방법론과 바로 실행할 수 있는 아이디어를 통해, 살고 싶은 인생의 모습과 우선순위를 선명하게 그릴 수 있도록 도와드릴 것이다.

처음부터 읽으면서 따라 써봐도 되지만, 목차에서 끌리는 페이지를 먼저 읽어도 좋다. 어느 페이지를 펼치든 쉽게 시도할 수 있으면서도 깊게 사유할 수 있도록 구성했다. 인생의 엔딩이라니 불길해서 생각조차 하고 싶지 않은 분들께도 인생의 사각지대를 천천히 들여다보고 이 책을 덮을 때에는, 퍼포먼스를 마친 엔딩 요정처럼 후련한 표정을 짓고 계실 거라 약속드린다.

보통 기획서를 쓸 때는 '기대 효과'를 마지막에 한 장 정도만 넣는데, 이 책은 내용의 반을 기대 효과로 채웠다. 왜냐하면 2년 전부터 '엔딩 라이팅'을 자가 실험하며 인생 격변의 시기를 개척하고 있기 때문이다. 엔딩 라이팅을 통해 정말 자기다운 인생을 살 수 있게 될까? 여섯 편으로 압축된 저의 인생을 한번 읽어봐주시기를 부탁드린다.

이 책을 통해 죽음을 종착지가 아닌 휴게소로 만드는 실험에 성공하시기를, 휴게소에서 연료를 가득 채우고 다시 원하는 인생을 향해 신나게 달려가시기를 간절히 바라고 응원하며 엔딩 라이팅을 시작한다.

차 례

Prologue 인생의 한중간을 지나는 우리를 위한 '엔딩 라이팅'   5

엔딩 라이팅 준비운동 4층을 누른다고 죽는 것은 아니잖아요   14

1장 "어떻게 죽고 싶으세요?"

Episode I 암사자처럼 살다가 죽고 싶어   24

Ending Wrting I 나의 죽음 한 줄 정의
　　　　　　　　　with 낯선 단어 연결하기   37

2장 "어떻게 살고 싶으세요?"

Episode II 회사에서 배운 대로 살 결심   56

Ending Wrting II How & What 버킷리스트 쓰기
　　　　　　　　　 with 좋아하는 문장에서 인생 찾기   65

3장 "어떻게 기록되고 싶으세요?"

Episode III 창피하지만 나는 계속 한다   86

Ending Wrting III 6줄 부고기사 쓰기
　　　　　　　　　　with 동경하는 인생과 비교하기   99

4장 "어떻게 기억되고 싶으세요?"

Episode IV 변덕스럽게 한 우물을 파는 사람   116

Ending Wrting IV 묘비문 쓰기
with 국어사전에서 장점과 단점 찾기   131

5장 "어떻게 헤어지고 싶으세요?"

Episode V 한잔의 짜이를 만들 줄 알면
무엇이든 할 수 있다   146

Ending Wrting V 장례식 기획
with 10개의 빈칸 채우기   160

6장 "어떻게 사랑하고 싶으세요?"

Episode VI 단점이 많은 나라를 사랑하게 되었다   176

Ending Wrting VI 장례식 리허설
with 장례식 시나리오 쓰기   192

Ending Talk 죽음을 주제로 이야기하기   202
Epilogue 언제 이렇게 살아보겠어   223

엔딩 라이팅 준비운동

4층을 누른다고
죽는 것은 아니잖아요

❧

   엘리베이터 버튼에 4층 대신 F층이라고 써놓은 걸 보신 적이 있나요? 대한민국에 산다면 누구나 경험해봤을 장면이죠. 저도 F를 읽을 줄 모르는 시절부터 이 버튼을 봤던 기억이 납니다.

   조금 더 신경 쓰고 보면, 병원이 있는 건물에는 4층이 아예 없는 경우도 많아요. 3층 다음은 5층. 공항은 더 엄격합니다. 인천공항에는 4번과 44번과 244번 탑승구가 없어요. 또 차량 번호판 중 앞자리와 뒷자리가 모두 4인 번호는 아예 발급되지 않도록 영구결번 처리한다는 걸 알고 계셨나요? 숫자 4를 보는 것만으로도 불길하다고 생각하는 문화권에서 나고 자란 우리니까 죽음에 대해 말하는 것이 어렵고 불편한 건 당연한지도 모르겠네요.

이렇게까지 숨겨서라도 죽음을 피하고 싶은 마음을 이해합니다. 그 마음이 자신이 아닌 소중한 사람을 향한 간절한 마음일 가능성이 높다는 것도 알지요.

언젠가 식당에서 어린아이가 처음 보는 음식을 무턱대고 거부하자 아이 엄마가 이렇게 말하는 것을 들었습니다. "다 먹으라는 게 아니야. 한입만 먹어봐. 정말 싫은지 직접 먹고 판단해보라는 말이야. 혹시 알아? 네가 좋아하는 맛일지? 먹어보지 않으면 알 수 없잖아. 싫다고만 하지 말고 한번 시도해봐."

어머니의 훌륭한 밥상머리 교육에 이마를 탁 치며 호기심에 흘긋 봤더니, 그 음식은 꼬막무침이었어요. 어린 눈에는 한없이 낯설겠지만 한번 맛을 들이면 이걸 반찬으로 먹어야 좋을지, 밥에 비벼 먹어야 좋을지, 이렇게 저렇게 다 먹으면 되지 왜 고민을 하나 싶은 (저의) 밥도둑입니다.

'죽음' 얘기 하다 말고, 웬 꼬막 타령일까요? 엔딩 라이팅 준비운동으로 저도 여러분께 죽음을 한입만 맛보자고 제안하려 하거든요. 생긴 건 좀 징그럽지만 먹어봐야 맛있는지 알게 되는 꼬막처럼 죽음도 맛을 봐야 알 수 있을 테니까요. 꼬막을 맛보려면 일단 껍데기를 까야 하는데, 사실 이 과정이 은근히 까다로워요. 어렸을 적 저희 엄마는 꼬막의 뒷부분(껍데기가 붙어 있는 부분)에 숟가락을 찔러 넣고 병뚜껑 따듯 들어올려 껍데기를 까서는, 제 입에 꼬막살을 넣어주셨습니다.

그렇다면 죽음의 껍데기는 누가 까줄까요? 제가 해드릴게요. 여러분은 편히 앉아서 입만 벌리세요. 먹어보고 맛없다면, 눈치 보지 말고 뱉으시고요. 일단은 어떤 맛인지 아는 것만으로도 성공이니까요.

먹을 만하다면 꼭꼭 씹으며 음미해보세요. 그저 멀게 느껴져서, 아직은 남의 일 같아서, 사는 게 바빠서, 덮어놓고 기피했던 죽음을 한번 들여다보고 내가 정말 죽음을 두려워하는지, 두렵다면 무엇이 얼마나 두려운지 아는 것부터 시작해보기로 해요.

죽음의 5단계는 이렇다고 합니다. 어느 날 의사에게 '죽

는다'는 말을 들으면 누구라도 처음에는 뭔가 잘못됐다고 의심합니다(부인). 더 큰 병원, 더 유명한 의사를 찾아가볼 수도 있겠죠. 결과가 바뀌면 다행이지만 그대로라면 열심히 산 것밖에는 죄가 없는 나에게 왜 이런 일이 일어났는지 원망스럽고 화가 납니다(분노). 병을 고칠 방법은 없는지 사방으로 알아보다가, 비관적인 전망 속에서도 희망을 찾아내 붙잡게 되죠(타협). 투병을 시작합니다. 각오를 단단히 했는데도 도무지 쉽지가 않습니다. 다 포기하고 싶어지죠(우울). 지독한 무기력을 경험하고 난 후, 비로소 자신이 죽는다는 사실을 받아들이게 됩니다(수용).

이 마지막 단계에 이르면 비로소 남은 인생이 너무나 소중해집니다. 시간이 얼마 남았든 더 많은 것을 감각하고 남은 일상을 누리며 죽음을 준비할 여유를 갖게 되죠.

그런데 평소 죽음에 대한 생각을 많이 해온 사람만이 죽음의 5단계를 전부 거쳐 마지막 단계에 이를 수 있다고 해요. 대개는 분노 또는 우울 단계에서 더 나아가지 못하고 편치 않은 마음으로 죽음을 맞이하고요. 왜 그럴까요? 왜 죽음은 이토록 수용하기 어려울까요? 그 이유를 4가지로 나눠봤습니다.

첫째는 삶에 대한 미련입니다. 바쁘게 사느라 진짜 하고 싶은 걸 못 했을 수도 있고, 오래 노력했지만 원하는 것을 아직 얻지 못했을 수도 있죠. 열심히 일하고 충실히 사랑하고 마음껏 즐기며 살았어도 더 오래도록 즐기고 싶을 수도 있습니다. 나이가 많아도 삶에 대한 미련이 클 수 있고, 젊은데도 미련이 적은 사람도 있을 겁니다. 여러분은 어떨까요? 자신의 마음을 한번 들여다보세요.

둘째, 미지의 경험에 대한 두려움입니다. 누구도 죽음을 경험해보지 않았으니 이런 감정을 느끼는 건 당연합니다. 죽으면 모든 것이 정말 끝나는지, 사후세계가 있는지, 있다면 나는 어떤 곳에 가게 될지 모르기 때문에 불안할 수 있습니다. 번지 점프를 하기 전처럼 공포스러울 수도 있고, 웹툰 작가 스노우캣의 유명한 글처럼 무지개다리를 건넌 반려동물이 기다리고 있다는 믿음 덕분에 덜 두려울 수도 있겠죠. 내 안에 이런 막연한 두려움이 있는지, 있다면 얼마나 있는지 들여다보세요.

> 사람이 죽으면 먼저 가있던 반려동물이
> 마중나온다는 얘기가 있다.
> 나는 이 이야기를 무척 좋아한다.

출처: 스노우캣 〈옹동스〉

셋째, 죽기까지 겪게 될 신체적·정신적 고통입니다. 아프지는 않을지, 오랜 병환으로 고통이 길어지지는 않을지, 정신이 흐려지고 판단력을 잃지는 않을지 걱정이 되죠. 그래서 많은 사람들이 이 고통을 줄이기 위해 꾸준히 운동하고, 식단을 관리하고, 저축도 합니다. 어떤 나라에서는 안락사라는 선택지를 열어두기도 하죠. 여러분은 어떨까요?

넷째, 남은 가족에 대한 걱정입니다. 내가 죽은 후 부모님, 배우자, 자녀, 반려동물이 잘 살 수 있을지 걱정이 됩니다. 남은 사람들은 먼저 간 사람이 안타깝고 아까워서 슬프고, 죽는 사람은 남은 사람들에 대한 책임감과 미안함 때문에 눈을 감기 쉽지 않습니다. 여러분도 그럴까요?

지금까지 죽음을 수용하기 힘든 4가지 이유를 살펴봤습니다. 여러분은 "한 달 뒤에 죽는다"라는 말을 듣는다면, 무엇 때문에 죽음을 수용하기 힘들 것 같으신가요? 잠시 생각해보고 각 이유에 점수를 매겨보세요. 총합은 100이 돼야 합니다.

삶에 대한 미련	미지의 경험에 대한 두려움	죽기까지 겪을 고통	남은 가족 걱정

다 쓰셨나요? 점수를 나눠 채우는 일이 고통스럽지 않으셨기를 바랍니다.

다른 사람들은 어떻게 썼는지 같이 볼까요?

삶에 대한 미련	미지의 경험에 대한 두려움	죽기까지 겪을 고통	남은 가족 걱정
50	0	30	20
30	10	40	20
10	10	40	40
43	2	20	35
60	10	10	20
0	0	95	5
20	30	30	10
0	70	0	30
70	0	25	5
5	10	70	15
100	0	0	0
60	0	40	0
25	25	25	25

여러분과 비슷한 대답을 한 사람이 있나요?

워크숍을 진행하며 참석자분들에게 빈칸을 채워보라고 했을 때, 같은 답이 나온 적은 한 번도 없었습니다. 나이, 성별, 기혼 여부, 자식 유무로 유형을 나눌 수도 없더라고요. 개인차가 워낙 컸고 제 예상과도 달랐어요.

어떤 분은 지금 죽는다 해도 삶에 대한 미련은 전혀 없다고 하셔서 놀랐고, 어떤 분은 100살에 죽는다 해도 삶에 대한 미련이 몹시 클 거라고 하셔서 놀랐습니다. 또 어떤 분은 미지의 경험을 좋아하니 죽음을 미지의 경험이라 생각하면 두려울 이유가 없다고 하셔서, 듣는 저의 이마를 치게 만드셨고요. 반면에 죽는다는 상상만 해도 불안하고 무서워서 이 빈칸을 채우는 게 매우 고통스러웠다고 말한 분도 있었어요.

모두가 다릅니다. 쉽게 쓰는 사람도 어렵게 쓰는 사람도 있어요. 괜찮습니다. 앞서 말한 것처럼 지금은 맛보기를 한 것이니까요. 한번 맛을 봤다는 것이 중요합니다. 나는 과연 죽음이 두려운지, 두렵다면 왜 두려운지, 얼마나 두려운지 안 것만으로도 좋은 시작입니다. 수고 많으셨어요.

1장
어떻게 죽고 싶으세요?

저는
휴가로 세렝게티에 갔다가
암사자처럼 살다가 죽고 싶다는
생각을 하게 되었습니다.

여러분은
어떻게 죽고 싶으신가요?

단어를 가지고 노는 저글링.
어떤 태도와 자세로
죽음을 맞이하고 싶은지
저글링하듯 생각해보는 시간입니다.

Episode   I

암사자처럼 살다가
죽고 싶어

―❖―

모든 장면을 캡처하고 싶은 영화 〈아웃 오브 아프리카〉에서 특히 좋아하는 건 이 장면이다.

> ***Denys***_ *If you put them in prison, they die.*
>   *(마사이족을 감옥에 가두면 그들은 죽어요.)*
> ***Karen***_ *Why? (왜요?)*
> ***Denys***_ *Because they live now. They don't think about the future. They can't grasp the idea that they'll be let out one day. They think it's permanent—*

so they die.
(마사이족은 현재를 살거든요. 미래를 생각하지 않아요. 그래서 언젠가 풀려날 수 있다는 사실을 이해하지 못하죠. 영원히 갇혀 있을 거라 믿으니까 죽는 거예요.)

'현재를 산다'는 말이 미래라는 달력을 미리 넘겨보지 않고 살겠다는 일종의 문학적 표현이라고 생각했다. 그러나 마사이족에게는 '현재를 산다'는 말은 미래라는 달력을 애초에 만든적도 없다는 사실적 표현이었다. 그들은 어떻게 이러한 사고방식을 갖게 되었을까? 어떤 환경에서 어떤 교육을 받으며 자라야 이런 생각이 자연스러워질까?

연쇄 회의를 마치고 아주 먼 곳으로 떠나고 싶어진 어느 날, 항공사에 전화를 걸어 내 마일리지로 갈 수 있는 곳을 알아봤다. 시칠리아행에도 바르샤바행에도 없던 내 자리가 '아루샤'로 향하는 비행기에 있었다. 추석 연휴를 끼고 열흘 일정의 항공권을 예약했다.

아루샤는 탄자니아에서 세 번째로 큰 도시로, 세계 각국의 여행자들이 아프리카 최고봉인 킬리만자로를 등반하거나 세렝게티 국립공원 사파리를 하기 위해 찾는 곳이다. 나는 후자였다. 세렝게티에는 사자, 치타, 표범, 코끼리, 기린도 살지만 마사이족도 살기 때문이다. 멀리 떠나고 싶긴 했지만 이렇게까지 멀리 가게 될 줄은 몰랐다. 다섯 달이나 남았지만 벌써 숨이 트이는 기분이었다.

다섯 달을 기다려 처음 밟아본 그 대륙은 한 번도 생각해본 적 없던 영역으로 나를 데리고 갔다. 생각의 틀을 넘는다는 것, 그건 정말로 짜릿하고 흥분되는 경험이었다.
"이제 곧 아프리칸 마사지를 받게 될 거야." 아프리카에서 드라이버가 이렇게 말한다면, 비포장도로가 시작되니 마음의 준비를 하라는 의미다. 고속도로를 타고 세렝게티를 향해 달리는데, 중간중간 움푹 파인 웅덩이가 나타나더니 아예 자갈길이 시작됐다. 곧 차 전체가 꿀렁거리며 울퉁불퉁한 도로 지면이 그대로 온몸으로 전해져왔다. 여기가 마사지숍이라면 "조금만 살살"이라고 말할 그 타이밍에 타이어가 터졌다.

우리의 베테랑 드라이버이자 가이드인 솔로몬이 미안해하며 차 안에 있어도 된다고 말했지만 나는 냉큼 따라 내렸다. 안 그래도 이 미지의 땅을 밟아보고 싶었다. 사방이 뻥 뚫린 초원의 한가운데, 흙먼지가 돌개바람처럼 뿌옇게 소용

돌이치는 길에 근육질의 사륜구동차 한 대가 서 있는 장면은 〈내셔널 지오그래픽〉의 한 페이지 같았다. 솔로몬이 트렁크에서 장비를 꺼내 차를 들어 올려 터진 타이어를 빼고 보조 타이어로 갈아 끼우는 모습은 〈디스커버리〉 다큐멘터리 같았다. 여행작가 폴 서루*Paul Theroux*는 《아프리카 방랑》에서 사파리를 하며 아프리카의 낭만에 빠진 외국인들을 동물 관음증이 있는 스토커라고 맹비난하는데, 동물을 보기 전부터 낭만에 빠질 줄은 몰랐다.

타이어를 깔끔하게 교체한 후, 새 셔츠로 말끔하게 갈아입은 솔로몬이 다시 운전석에 앉아 시동을 켰다. 그러고는 타이어가 터지는 일은 두 번 다시 없어야 한다며 운전대를 꺾어 도로를 벗어났다. 자갈길을 달리는 게 힘들었지만, 그래도 그게 차도니까 어쩔 수 없다고만 여겼는데, 도로를 이탈하는 것이 이렇게 쉬운 줄은 몰랐다. 두 손으로 핸들을 틀었을 뿐인데 이토록 간단하게 도로를 벗어나다니. 도로를 옆에 두고 잡초가 무성한 땅을 달리자 차는 오히려 부드럽게 나아갔다. 자갈길도 이미 나에게는 오프로드였는데, 오프로드에서 한 번 더 '오프'한 길을 달리며 내 생각도 한 번 더 상상력 밖으로 선을 넘는다. 길이라 불렸던 것에서 이탈하자 오히려 나아진다니, 진작 벗어날걸.

세렝게티는 마사이어로 '끝없는 땅'이라는 뜻이다. 높은 빌딩들로 사방이 막힌 땅에서 온 나는 개방감에 심장이 벌렁거렸다. 끝없는 땅 위로 동물들이 끝없이 나타났다. 세렝게티로 들어서자마자 사자 대가족이 나타났고, 코앞으로 치타 한 마리가 표표히 걸어왔다. 누 떼와 얼룩말 떼가 한 부족처럼 뒤섞여 풀을 뜯고 있다. 누는 머리가 나쁜 대신 힘이 세고, 얼룩말은 머리가 좋은 대신 겁이 많아서 늘 서로를 의지하며 이동한다는 이야기가 애틋하다.

고개를 돌리자 코끼리 가족들이 보였다. 앞장서 걷던 엄마 코끼리는 절벽을 만나면 조심조심 먼저 내려가서 굵고 긴 코로 아기 코끼리를 위한 계단을 만들어준다. 아기 코끼리 앞으로 콧길이 펼쳐진다. 기린들은 경쟁하지 않았다. 모두가 순한 눈을 하고 제 키에 닿는 나뭇잎을 느긋하게 뜯어 먹는다. 탄자니아를 상징하는 동물이 바로 저 평화로운 기린이라는, 나직하지만 자부심 담긴 목소리가 운전석에서 들려온다.

치타인 줄 알고 가까이 달려갔더니 표범이 하이에나와 대치 중이었다. 안광이 빛나는 표범이 다리를 절룩이며 가시덤불 뒤로 몸을 숨긴다. 하이에나가 두리번거리다가 발길을 돌린다. 사자 여섯 형제가 이 땅의 주인인 양 중앙을 걸으며 갈기를 뽐냈다. 그들의 걸음 뒤로 거대한 쌍무지개가 뜬다. 이 넓은 땅 한편에서 내 감탄사가 불꽃처럼 터졌다가 흔적 없이 사라진다. 지구의 주인이 인간이 아니라는 사실을 비단 같은 도로를 달려, 나와 닮은 표정으로 가득한 도시로 출근하고, 얌전한 고양이에게 캔을 따주는 다정한 동네에 살 때는 상상도 못했다.

사파리 셋째 날, 사자와 치타 사이인지, 치타와 코끼리 사이인지, 그 어딘가에서 솔로몬이 먼 하늘을 쳐다보며 말했다. "비구름이 오고 있네? 비 오기 전에 근처에서 점심 먹자." 사파리에서 점심 장소는 가이드의 역량과 취향에 따라 차 안이 될 수도, 붐비는 휴게소가 될 수도, 아무도 없는 천국이 될 수도 있다. 솔로몬은 역량과 취향이 모두 좋은 가이드였다.

자기가 아는 한적하고 안전한 장소가 있다며 차를 몰고 가더니, 낮은 둔덕 위 키가 큰 나무 옆에 차를 세우고 트렁크에서 테이블을 꺼내 그늘 아래 펼쳤다. 그 위에 빨간색 테이블보를 깔고 은색 도시락통을 하나, 둘, 셋 놓는다. 와인도 한 병 꺼냈다. 천국을 가보지 못했고 갈 수 있을지 모르겠지만, 이곳은 감히 천국이라 불러도 좋을 듯했다. 아름다운 풍경을 많이 보았지만 이렇게 거침없이 아름다운 풍경은 처음이었다. 바라보는 중에도 아름다움이 계속 확장되는 듯 사방을 둘러봐도 한계가 없다.

솔로몬이 수박을 한입 베어 물고 사파리가 어떠냐고 묻는다. 나는 회사에서 부장이 된 이후로도 별명이 '과장'이었을 정도로 과장을 굉장히 좋아하고 꽤나 잘하는 사람인데, 사파리가 내게 준 충격은 과장은커녕 그대로 말할 자신도 없었다. 그래서 사파리에 대한 굉장함을 말하는 대신 내 앞에 앉은 사람에 대한 굉장함을 이야기하기로 했다.

"훌륭한 사파리 가이드의 덕목으로는 4가지가 있는 거 같아. 하나, 오프로드에도 끄떡없는 운전 기술. 둘, 숨은 동물을 찾아내는 예리한 눈. 셋, 아는 것을 재밌게 전달하는 소통 능력. 그리고 마지막으로 가장 중요한 건, 낭만이야. 내 인생에서 가장 거대한 낭만을 네가 만들어줬어."

내 말에 솔로몬이 발을 동동 구르며 아이처럼 행복해했다. 하지만 그가 내게 준 행복에 비하면 이 정도는 하이에나 입가에 묻은 피에 불과하다. 사파리를 마치고 숙소로 돌아가는 길에는 오늘만 한 날이 또 있을까 싶었지만, 다음 날에는 반드시 그날분의 거대한 충격과 감동이 있었다. 그리고 나는 사파리 넷째 날을 잊지 못한다.

사파리의 시작은 늘 느슨하다. 그날 아침에도 솔로몬은 운전대를 잡고 "슬슬 시작해볼까?"라며 세렝게티의 심장을 향해 어슬렁어슬렁 들어갔다. 오전 내내 코끼리, 하마, 가젤 등을 기웃거렸다. 그러다가 암사자 한 마리를 발견했다. 개미집 위에 자리 잡고 엎드린 암사자. 잘생겼다. 깨어 있는 사자를 코앞에서 보는 것만으로도 그날의 사파리는 성공이기 때문에, "아이고, 안 자고 뭐 해요? 안 졸려요?" 하고 주접을 떨고 있는데 사자가 불쑥 몸을 일으켰다.

설마. 사자가 어딘가를 본다. 시선이 저 멀리, 아주 멀리로 향한다. 시선을 따라가보니 뭔가가 있다. 작고 검은 형체. 나만 들릴 목소리로 "저게 대체 뭐야." 하고 중얼거리자, 솔로몬이 잘도 알아듣고 "토피"라고 말해준다. 토피란 영양의 일종으로 몸집이 작고 가냘픈 동물이다. 우리의 토피가 혼자 있다. 왜 혼자 있지? 누가 자기를 쳐다보고 있는지 상상도 못 하고 있는 토피. 그래서 행복한 토피.

사자와 토피 사이를 가늠해보니 대략 500미터. 설마 오늘 그 어렵다는 사냥을 목격하게 되는 걸까. 에이, 아니겠지. 거리가 너무 멀잖아. 그때 사자가 개미집에서 내려온다. 슬로모션처럼 느리지만 빠르게 우리 차를 지나친다. 누군가 사자가 어떻게 걷느냐고 묻는다면 나는 이렇게 말하고 싶다. "미이클 잭슨 알지? 그럼 문워크도 알잖아? 나는 사자의 걸음이 문워크 같다고 말하고 싶어. 그런데 후진하는 사자를 본 적 있니? 먹잇감을 향하는 사자의 걸음은 '전진의 문워크'야."

사자가 문워크를 하는 동안 우리의 토피는 무엇을 하고 있었냐면 아무것도 하지 않고 있었다. 곧 죽을 것을 알았다면 무엇을 하고 싶었는지 토피에게 묻고 싶다. 이것만 알아줄래? 너의 죽음을 예감한 나는 숨이 막혀서 너의 저승길 동무가 될 뻔했어.

순식간에 사자와 토피와의 거리가 200미터로 줄어들었다. 여기서 사자가 갑자기 멈춰 선다. 3분, 5분, 10분이 지나도록 꼼짝하지 않고 토피를 바라보기만 한다. 잡을까, 말까. 잡을 수 있을까, 없을까. 암사자 주변으로 옹기종기 모여 있던 사파리 차들이 암사자의 긴 망설임에 기다림을 포기하고 시동을 켠다. 이대로 사냥은 끝난 걸까. 토피는 오늘 살아서 가족 품으로 돌아가는 걸까. 솔로몬도 시동을 걸길래 우리도 포기하나 했는데, 토피를 향해 가보자고 말한다. 왜냐고 묻자, 사자는 분명 토피를 향해 갈 거라고. 그러니까 우리가 먼저 가서 기다리자고 대답했다.

"그걸 어떻게 알아?"

"내가 저 사자라면 토피를 덮칠 거 같거든."

내가 토피의 입장에서 필패의 슬픔에 빠질 때, 사자의 입장에서 필승 전략을 짜다니 사파리 가이드는 아무나 하는 게 아니다.

"그런데 이 정도 거리면 토피도 사자를 알아채야 되는 거 아니야?"

솔로몬이 조용히 핸들을 돌리며 답한다. "토피는 시력이 좋지 않아."

힘이 약하면 눈이라도 좋아야지, 조그맣고 약한 주제에 겁도 없이 눈까지 나쁘다니 기가 막힌다.

솔로몬이 조용히 시동을 끄고 이야기를 마저 한다. "토피는 시력이 나쁜 대신 후각이 정말 좋아. 그래서 보통 때는 냄새로 위험을 감지하지. 맹수한테서는 피 냄새가 나니까 멀리서도 그 냄새를 맡고 피할 수 있어. 그런데 봐봐, 지금 바람이 토피 쪽이 아니라 사자를 향해 불고 있잖아. 오늘은 토피가 운이 나쁘네."

나쁜 짓을 한 것도 아니고, 병에 걸린 것도 아니고, 나이가 든 것도 아닌데, 바람의 방향 때문에 죽어야 한다니. 죽음이란 뭘까. 토피의 삶이란 뭘까. 한숨이 나는데 그 순간

사자가 자세를 낮추고 근육을 조인다. 누가 봐도 알 수 있었다. 사자가 마음을 먹었다는 것을. 사냥하기로 결정한 암사자는 망설임이 없었다. 수풀 위로 낮고 긴 포물선을 몇 번 그리더니 순식간에 토피 앞이다. 발을 구르지도 않고 훌쩍 뛰어올라 앞발로 토피를 덮쳤다. 수풀 속으로 우리의 토피가 사라졌다. 공격이라고 하기에는 너무 쉬운, 가벼운 하이파이브 같은 사냥이었다.

토피는 사자가 마지막 점프를 하기 직전까지도 죽음을 감지하지 못했을 것이다. 공포도 고통도 느낄 틈 없는, 찰나 같은 죽음이 아니었을까. 세렝게티의 별칭은 'Home'. 모든 생명의 집. 이 광활한 집에서 토피가 죽고 암사자가 하루 더 살게 되었다.

수사자는 호사스러운 갈기 때문에 빨리 뛰면 체온이 급상승해 자주 뛰지 못한다. 수사자가 하루 24시간 중 20시간을 자며 새끼들을 보호하는 동안, 암사자는 매일 가족을 위해 사냥을 나선다. 버거운 상대를 만나면 자매들과 함께 공격한다. 암사자의 사냥 성공률은 3할, 세 번 중 두 번은 빈손이다. 사냥에 성공하면 먹잇감을 물고 무리로 돌아온다. 제일 먼저 새끼들을 지켜준 수사자에게 한입 주고, 나머지로 새끼를 먹인다. 너는 언제 먹니. 오다가 좀 먹었길 바란다. 암사자는 정말 강하고 정말 멋지네. 세렝게티에서 죽는다면, 인간도 하이에나도 수사자도 아닌 암사자에게 죽고 싶다는 생각이 들 정도다.

나이가 들고 힘이 빠져서 사냥을 못 하게 된 암사자는 자매에게 가족을 맡기고 스스로 무리를 떠난다고 한다. 따라오는 새끼들을 매섭게 쫓아내고 무리에서 멀어져 아무도 없는 곳에 가 홀로 죽는다. 도대체 어디까지 멋있을 거니.

암사자의 사냥을 본 밤엔 흥분감에 잠이 오지 않았다. 세렝게티 한편에 있는 어느 숙소 침대에 누워 내 안의 무언가가 달라지고 있는 것을 느꼈다. 오랫동안 지켜왔던 생각의 벽이 부서지고 있었다. 벽 너머의 세계를 처음으로 본 기분이었다. 이불을 꼭 잡고 누워 다음 생이라는 것이 있다면 세렝게티의 암사자로 태어나고 싶다고 생각했다. 판단이 서지 않을 때는 숨소리만 내는 한량이었다가 마음을 먹는 순간 숨도 안 쉬고 돌진하는 암사자처럼 살고 싶다고 생각했다. 어렵게 얻은 것을 가볍게 나누는 품을 가지고 싶다고 생각했다. 떠날 때를 알며 혼자가 되는 것을 두려워하지 않고 싶다고 생각했다. 한 번 사는 거라면, 암사자처럼 살다 죽고 싶다고 생각했다. 퀴리 부인도 잔다르크도 아닌 암사자처럼 살다 죽고 싶다니, 이 대륙에 오기 전까지는 상상하지 못했던 일이다.

* * *

마사이족 이야기를 깜빡했는데, 사자를 보는 순간 인간은 잊고 말았다. 마사이족도 사자를 보는 순간, 미래를 잊은 게 아닐까?

세렝게티 주변에는 마사이족이 정말 많았다. 정부가 사자 서식지 근처에 사는 마사이족들에게 강제 퇴거 명령을 내렸는데, 조상 대대로 그곳에서 살아온 마사이족들이 이에 분노하며 맞섰다. 창과 활로 하루 만에 수사자 다섯 마리, 암사자 세 마리를 죽였고, 그 이후로는 정부도 사자도 더는 마사이족을 건들지 못하게 됐다. 하지만 이제 마사이족은 사냥보다 관광업이 더 돈이 된다는 것을 안다. 사파리 관광객들이 지나가면 전통 복장을 한 장신의 전사들이 스마트폰을 잠시 주머니에 넣고 높게 뛰며 호객을 했다. 실로 엄청난 점프력이었다. 역시나 마사이족은 현재를 살고 있다.

Ending Writing   **I**

나의 죽음 한 줄 정의
with 낯선 단어 연결하기

※

엔딩 라이팅 첫 번째 시간입니다. 준비운동도 마쳤으니, 단도직입적 질문으로 시작해보려고 해요. 여러분은 '죽음' 하면 어떤 이미지들이 생각나나요? 여러분의 대답을 들었다고 가정하고 제가 답해볼게요.

병원, 중환자실, 산소호흡기, 장례식장, 울음, 어둠, 검은 옷, 슬픔, 육개장, 정신없음, 납골당 등등

우리 머릿속에는 간접경험과 미디어로 학습된 죽음의 이

미지가 자연스럽게 자리하고 있습니다. 죽음에 대한 이런 고정된 이미지를 가지고 있기 때문에, 오히려 내 죽음을 연상해보기가 쉽지 않아요. 이토록 다채롭고 입체적인 인생을 살고 있는 내가 남들과 똑같은 모습으로 죽음을 맞이하게 될 거 같지가 않거든요. 상상이 안 되기도 하고, 도무지 상상하고 싶지 않기도 합니다.

그렇다면 어떻게 내 죽음을 그려볼 수 있을까요? 한국인은 매운맛에 강하고, 객관식에 강합니다. 그중 가장 익숙한 것은 5개의 보기 중 하나를 고르는 5지 선다형이죠. 그래서 5가지 유형의 죽음을 가져왔습니다. 다음 보기를 끝까지 읽고 내가 맞이하고 싶은 죽음은 무엇인지 하나 골라보세요.

1. 병원에서 맞이하는 죽음: 병원에서 가족과 지인들 그리고 의료진에 둘러싸여 맞이하는 죽음입니다. '생로병사'가 '생로병병병병사'가 된 현대사회에서 가장 흔한 죽음의 유형으로, 드라마나 영화에서도 많이 볼 수 있습니다.

2. 집에서 자다가 맞이하는 죽음: 내 집에서 잠든 사이 조용히 떠나는 죽음입니다. 요즘 시대에는 집에서 죽는다는 게 흔치 않죠. 복 받은 사람만이 이렇게 평온하고 자연스럽게 죽을 수 있다고들 말합니다.

3. 자기결정에 따른 죽음: 주체적으로 생을 마감하는 것입니다. 생전에 자신에게 특별한 의미가 있던 장소를 찾아가 죽을 수도 있고 (스위스 같은 나라에서) 의사의 조력을 받을 수도 있겠죠. 하지만 우리나라에서는 여전히 이런 죽음에 대해 찬반양론이 있습니다.

4. 사고로 인한 죽음: 예기치 못한 사고로 갑작스럽게 생을 마감하는 경우입니다. 답이 아닐 가능성이 매우 높네요.

5. 용기 있는 죽음: 정의를 위해 싸우다 혹은 누군가를 위해 희생하여 죽는 경우입니다. 이런 죽음은 의인의 죽음으로 오래도록 기억됩니다.

고르셨나요? 5개의 보기에 여러분이 원하는 죽음이 있나요? 수능에서 많이 활용되는 5지 선다형은 머릿속 생각을 효율적으로 정리하는 데는 적합한 평가 방식이지만, 동시에 학생들의 창의력과 문제 해결력을 저해한다는 비판을 받기도 하죠. 그 말이 맞는 거 같습니다. 저도 5개 보기를 곰곰이 읽으면서 몇 가지를 섞고 싶기도 했고, 뭔가를 좀 더 추가하고 싶기도 했거든요.

이번에는 내가 맞이하고 싶은 죽음을 좀 더 자유롭고 나답게 상상해볼게요. 어떻게 하면 내가 진짜 원하는 죽음의 모습을 구체적으로 그려볼 수 있을까요?

저는 '낯선 단어 연결하기' 게임을 제안하고 싶습니다. 제가 쓴 《컨셉 라이팅》이라는 책에서, 뾰족한 한 줄의 컨셉을 뽑아내는 방법으로 알려드린 게임인데요. 나만의 죽음을 정의하는 데도 활용해볼 수 있습니다. 아주 쉬워요. 그리고 재밌답니다.

'죽음'에 관한 글을 쓴다고 해서 죽음과 관련된 이미지만 떠올리면 사고가 꽉 막혀버립니다. 죽음은 잠시 잊고 죽음과 관계없는 단어들, 죽음과 최대한 멀리 있는 단어들을 가져와보세요. 그렇게 가져온 두 단어와 '죽음'을 붙여서 한 줄의 문장을 써보는 거예요. 직접 해보면 바로 이해가 될 거예요. 쉬운 것부터 해볼까요.

제가 가져온 낯선 단어는 '진정'과 '자유'입니다. 여기에 '죽음'을 붙여봅시다.

진정, 자유, 죽음

세 단어를 순서와 관계없이 자유롭게 조합해서 문장을 만들어보세요. '죽음'은 '죽다', '죽는' 등 다른 품사로 바꿔도 좋습니다. 예를 들면 이렇게 할 수 있겠죠.

죽음은 진정한 자유다.
→ 이렇게 짧게 쓸 수도 있고,

죽으면 진정 자유로울까?
→ 의문문으로 쓸 수도 있죠.

죽음을 받아들일 때, 우리는 진정 자유로워진다.
→ 친절하게 써볼 수도 있습니다.

진정으로 자유로운 자만이 웃으며 죽음을 맞이할 수 있다.
→ 죽음을 뒤쪽으로 빼고, '웃음'이라는 새 단어를 넣어볼 수도 있겠네요.

여러분도 한번 써보세요. 잘 쓰려고 하지 마세요. 완벽한 문장이 나오지 않아도 됩니다. 말이 안 돼도 좋습니다. 중요한 것은 쓰면서 죽음에 대한 고정적인 이미지를 깨는 것이에요. 생각나는 대로, 장난치듯, 게임하듯 마구 써보세요.

진정, 자유, 죽음

——————————————— ———————

방법을 알았으니, 하나 더 해볼까요?

기회, 영웅, 죽음

이번에는 '기회'와 '영웅'이라는 낯선 단어를 가져왔습니다. 그리고 '죽음'을 붙였죠. 역시 세 단어를 순서와 관계없이 자유롭게 넣어서 문장을 만들어보세요. 이번에는 예시를 보지 말고 써보세요. 1개는 아쉬우니까 2개 써보세요.

1) ————————————————————
2) ————————————————————

다른 사람들은 어떻게 썼을까요?

죽을 기회 앞에서는 영웅도 떤다.
→ 물론입니다. 이순신 장군님도 떨었을 거예요.

죽음을 두려워하지 않을 때, 영웅이 될 기회는 찾아온다.
→ 영웅, 쉽지 않네요.

죽기 전에 기회가 왔다. 임영웅 콘서트 티켓.
→ 가서 영웅을 만나세요.

죽음은 영웅이 될 마지막 기회다.
→ 와, 영웅이 될 사람은 자세부터 다르네요.

이제는 진짜 어떻게 하는지 아시겠지요? 죽음이고 뭐고 그냥 좀 재밌지 않나요? 그럼, 하나만 더 해볼게요.

약속, 만남, 죽음

이번에는 '약속'과 '만남'을 가져왔습니다. 심화 과정입니다. 이번에는 문장을 3개 써보세요. 다만 이렇게 쓰면 좋을 거 같아요. 첫 번째 문장에는 '약속'을 맨 앞에, 두 번째에는 '죽음'을 맨 앞에, 마지막에는 '만남'을 맨 앞에 두고 써보는 거예요.

1) _____
2) _____
3) _____

다른 사람들은 어떻게 썼을까요?

약속했잖아. 죽어서도 만나기로.
→ 두 문장으로 나누셨네요. 되냐고요? 물론입니다.

죽음이란 다시 만날 약속을 하는 것뿐이다.
→ 이 문장은 만화책 《강철의 연금술사》에 나오는 대사입니다. 멋지네요.

만남은 약속할 수 있지만 죽음은 약속할 수 없다.
→ 논리적으로 빈틈이 없는 문장을 쓰셨네요.

만나러 간다, 죽음과의 약속.
→ 도치법을 쓰셨네요. 기세가 느껴져요.

어떠신가요? 머리가 좀 말랑해지는 기분이 드시나요? 머릿속에 고정되어 있던 이미지가 조금씩 깨지고 새로운 바람이 부는 듯한 기분을 느끼셨다면 대성공입니다.

그럼 이 기세를 몰아서 이번에는 같은 방법으로 '나의 죽음'을 생각해볼게요. 나는 죽음을 어떻게 맞이하고 싶은가? 죽음을 맞이하는 상황은 내가 정하기 힘들지만 죽음을 맞이하는 '태도'는 내가 정할 수 있죠. 여러분의 상상력과 손에 쥔 펜으로 나다운 죽음을 정의해보세요.

첫 번째 보기 드립니다.

바나나, 태풍, 죽음

3개의 단어를 조합해서 '내가 어떤 마음으로 죽음을 맞이하고 싶은지' 써보세요. 마음에 드는 문장이 나올 때까지 다양하게 써보세요. 하나의 문장을 쓰셨으면 그다음에는 앞에 쓴 문장과 다르게 써보세요. 단어의 순시를 바꾸고 새로운 단어를 추가해보는 건 어떨까요? 길게 써도 짧게 써도 좋습니다. 마음껏 써보세요.

1) _____
2) _____
3) _____

어떻게 쓰셨을지 너무 궁금합니다. 다른 사람들이 쓴 문장을 보여드릴게요.

죽음은 바나나를 먹다 맞는 태풍 같은 것. 웃으며 맞이하는 수밖에.
→ 와, 아마도 인생의 갖가지 시련도 웃어넘기며 견뎌내고 계신 분이 아닐까요?

태풍처럼 죽음이 무섭게 다가와도 바나나 하나를 천천히 음미하며 먹다가 죽고 싶다.
→ 저도 그러고 싶습니다.

태풍 속에서 바나나나 먹다 죽을 순 없어. 아직 할 일이 남았거든.
→ 무슨 할 일이 남으셨나요? 굉장한 일일 거 같습니다.

죽음은 태풍처럼 몰아치고, 나는 바나나 껍질처럼 조용히 미끄러졌다.
→ 이런 문장을 쓰시는 분이라니, 죽을 때까지 글을 쓰셨으면 좋겠어요.

죽음이 태풍처럼 몰아쳐도 바나나 껍질 하나까지 다 정리한 후 죽을 것이다.
→ 얼마나 단정한 집에서 살고 계실지 그려집니다.

나의 죽음이 좀 더 선명하게 그려지시나요?
아직이라고요? 그럼 하나 더 해볼게요.

맹세, 신발, 죽음

이번에는 묵직한 단어로 '맹세'가, 가벼운 단어로 '신발'이 나왔어요. 두 단어를 죽음과 연결시킨다면 어떤 문장이 나올까요? 마찬가지로 세 단어를 연결하여 어떤 자세로 죽음을 맞이하고 싶은지 써보세요.

1) _____
2) _____
3) _____

역시 가장 궁금한 건 여러분이 쓰신 문장이지만, 어쩔 수 없으니 다른 사람들은 어떻게 썼는지 볼게요.

죽음이 오면 신발을 벗듯 내려놓기로 맹세한다. 미련 없이, 담담하게.
→ 신발을 벗을 때마다 이런 다짐을 하고 계실까요?

신발 끈을 다시 조인다. 죽음 앞에서도 흐트러지지 않겠다는 작은 맹세로.

→ 와, 이분은 신발 끈을 묶을 때마다 이런 다짐을 하실 거 같아요.

맹세컨대, 죽음 앞에서도 신발을 벗지 않겠다. 끝까지 내 발로 걸어가야지.
→ 너무 멋있네요. 저도 이러고 싶어요.

죽음은 클라이맥스. 맹세코 신발 벗는 장면만큼은 멋지게 써놨다.
→ 이럴 수가. 작가 또는 영화감독이신 거 같습니다.

죽음 앞에서도 버티겠다고 맹세한다. 작은 신발 한 켤레가 나를 기다리니까.
→ 삶에 대한 의지가 강렬하게 느껴집니다. 뭉클해요.

죽음에 대한 문장을 썼는데 어떤 인생을 살고 계실지가 선명하게 그려집니다. 인간은 정말 모두가 다르네요. 아직 마음에 드는 문장을 만나지 못하신 분이 계실 경우를 대비해 마지막으로 보기를 1개 더 드릴게요. 이미 마음에 드는 나만의 정의를 완성했다면 그만 쓰시고 쉬셔도 좋습니다.

사랑, 바람, 죽음

저는 이 단어를 드릴 때마다 망설이기도 하고 기대하기도 합니다. '죽음'과 '사랑'이 함께 들어가는 문장을 쓰는 게 너무나 필수적이면서도 고통스러울까 봐요. 마지막이니까 한번 솔직하게 써보세요. 바람은 솔솔 부는 바람일 수도, 소원이 담긴 바람일 수도 있겠네요.

1) _____
2) _____
3) _____

마음에 드는 문장이 나왔나요? 다른 사람들은 어떻게 썼을까요?

사랑하는 사람들보다 먼저 바람처럼 죽고 싶다.
→ 남겨지는 것보다 무서운 일은 없죠.

사랑처럼 죽음도 바람이 불듯 그렇게 지나가길 바란다.
→ 마음이 편안해지네요.

내가 죽어도 내 사랑은 남겨지길.

따뜻한 바람이 불면 내가 너희 곁에 있다고 생각해줘.

→ 마음이 일렁입니다. 이보다 좋은 유언이 없네요.

바람피우면 너도 죽고 나도 죽는 거야.

사랑이고 뭐고 없어.

→ 문제의 의도와는 다르지만 고맙습니다. 웃고 갑니다.

마지막까지 사랑하다 죽는 것이 나의 바람이다.

→ 정답 나왔습니다.

다 쓰셨다면, 가장 마음에 드는 문장을 표시해보세요. 그리고 휴대폰 메모장에 적어두고 자주 꺼내 읽어보셨으면 좋겠습니다. 한 해의 마지막 날 또는 생일날 혼자 조용히 남게 된 시간에, 그 문장을 다시 읽으며 조금씩 다듬어보세요. 똑같은 단어들로 새로운 정의를 쓰셔도 좋고, 낯선 단어들을 가져와 새로운 문장을 써보는 것도 좋습니다. 가족들, 친구들과 함께 써보는 건 어떨까요?

낯선 단어를 어디서 가져오느냐고 묻는 분들이 계셨어요.

방법은 다양합니다. 옆에 있는 아무 책을 펼쳐서 보이는 단어를 가져와도 좋고, SNS에 들어가서 보이는 아무 단어를 가져와도 좋죠. 죽음과는 관계없지만 평소에 좋아하는 단어를 가져와도 되고요. 옆에 마침 누가 있다면 아무 단어나 말해보라고 하는 건 어떨까요?

"내가 먹는 것이 나를 말해준다"라는 말처럼, 내가 쓴 것이 나의 죽음을 말해주는 글쓰기를 경험해본 소감이 어떠신가요? 죽음과 관계없는 단어들을 가져와서 썼는데, 죽음을 맞이하는 내 마음가짐을 선명하고 구체적으로 알 수 있게 됐죠? 놀이하듯 어떻게 죽고 싶은지에 대해 썼더니 오히려 어떻게 살고 싶은지에 대한 거울 같은 글이 되었습니다.

첫 번째 엔딩 라이팅을 마칩니다. 정말 수고 많으셨어요. 편안한 하루 보내시길 바랄게요.

2장

어떻게 살고 싶으세요?

저는
20년 다닌 회사를 나오며
회사에서 배운 대로 살기로
마음먹었습니다.

여러분은
어떻게 살고 싶으신가요?

내가 좋아하는 문장이 바로
내가 살고 싶은 인생.
아끼는 문장들을 꺼내
나만의 버킷리스트를
만들어보는 시간입니다.

Episode   II

회사에서
배운 대로 살 결심

◆❀◆

　퇴사를 하니 겨울이었다. 회사 나가면 춥다더니 사실이네…. 회사를 그만둬야겠다고 결심한 건 1년 전이다. 세렝게티에서 암사자의 사냥을 보고 마음먹었다 말하고 싶지만, 퇴사 고비를 수도 없이 넘어본 20년 차 직장인에게 퇴사는 그렇게 극적으로 마음먹어지는 것이 아니었다. 결심을 결정으로 만들 계기가 필요했다.

　나는 네 번째 회사를 11년 1개월 동안 꼬박 다녔다. 이전에는 광고회사 세 곳을 옮겨 다니며 카피라이터로 제작 본부에서 10년간 일했다. 그러다 다른 일이 해보고 싶어졌고,

운 좋게 경력을 인정해주는 이 네 번째 회사를 만나 광고기획자로 AP 본부에서 일하게 됐다. 광고기획이나 카피 쓰는 일이나 광고를 만든다는 점에서는 같았지만, 10년 차 카피라이터가 기획자로 보직을 바꾸는 데에는 당연하게도 노력과 시간이 많이 요구됐다. 회의를 같이 한 제작팀 팀장님들이 자기네 팀에서 카피라이터로 일하자고 제안하기도 했다. 나와 같이 일하고 싶다는 얘기니 고마웠지만, 한편으로는 내가 기획자로는 안 보인다는 의미 같아 불안했다.

초반 2년 동안은 다른 기획자들처럼 기획서를 쓰려고 부단히 연습했다. 시장과 소비자 데이터를 꼼꼼하게 분석했고, 한 장 한 장 반박할 수 없는 논리적인 기획서를 써보려 했다. 하지만 아무리 노력해도 처음부터 기획자였던 이들보다 분석적인 기획서를 쓰기는 쉽지 않았다. 각을 잡을수록 오히려 헐렁해 보였다. 이도저도 아닌 애매한 직업인이 된 기분이었다.

그다음 2년 동안에는 카피라이터 출신다운 기획서를 써보기로 했다. 나 같은 경력을 가진 사람은 흔치 않으니까, 남과 다르다는 건 좋은 거 아닌가 하고 긍정 회로를 돌렸다. 줄일 수 있는 말은 최대한 줄이고, 뺄 수 있는 데이터는 다

뺐다. 가끔은 논리에서 벗어나더라도 매력적인 기획서를 쓰고 싶었다. "이 기획서 재밌네" 하는 소리를 듣고 싶었다. 그러자 놀랍게도 나와 일하고 싶다는 사람들이 하나둘 생겨났다.

함께 일하면 시너지가 나는 사람들을 열 손가락 넘게 꼽을 수 있게 되었을 즈음, 어느덧 한 회사를 5년째 다니고 있었다. 한 회사를 오래 다닌다는 것의 의미는 이 많은 사람 중에서 누가, 무슨 일을, 어떻게 잘하는지 알게 된다는 뜻이었다. 회사 생활의 무기는 나의 능력과 나의 노력이라고 생각했는데, 시야가 우리의 능력과 우리의 노력으로 넓어졌다. 그렇게 AP 7년 차에 팀장이 되었다.

팀장이 되는 동시에 코로나라는 이변이 터졌고, 회의가 일상인 직업 특성상 불가능할 거라 여겨졌던 재택근무가 시작되었다. 어두운 경제 전망과 다르게, 사회적 거리 두기는 뜻밖의 산업 영역에 엄청난 호황을 불러왔고, 동시에 집에 있는 시간이 길어지면서 광고 시청률이 올라가 안 그래도 바쁜 광고회사의 하루하루가 더욱 숨가쁘게 돌아갔다.

집 거실에서 노트북을 켜고 줌 화면에 뜬 다섯 개의 얼굴들과 회의를 거듭하며, "이게 되네? 세상 참 오래 살고 볼

일"이라는 말을 몇 번 하고 나자 코로나가 끝났다. 다시 사무실로 출근을 했고 정신없는 하루하루가 이어졌다. 회의실에서 몇 번 치고 받고를 하고 나자 나는 어느새 경력직 팀장이 되어 있었다.

입사하는 날부터 퇴사하는 날까지, 회사는 나에게 많은 기회를 줬다. 정말로 많은 기회. 일어나서 출근하면 책상 위에 기회가 있었고, 점심 먹고 들어오면 기회도 함께 들어왔다. 이 기회와 저 기회 중에 어떤 기회를 잡을지 기회를 선택할 기회도 줬다. 싸울 기회, 질 기회, 이길 기회, 잠 못 이룰 기회, 난생처음 보는 기회, 그게 그거 같던 기회, 욕먹을 기회, 욕할 기회, 속 터질 기회, 속 쓰릴 기회, 술 마실 기회, 술 살 기회, 박수 칠 기회, 박수 받을 기회…. 그 기회들을 넘으며 나의 재능 중 무엇이 팔리고 무엇이 팔리지 않는지를 배웠다. 안 팔리는 것을 팔리도록 애써봤더니 결국 팔리는 것도 있었지만, 팔려도 기쁘지 않은 것이 있다는 것도 배웠다. 다 회사가 준 기회 덕분이었다.

퇴사를 마음먹었던 1년 전 어느 날 문득, 그 수많은 기회 중 가장 좋아하던 '이기는 기회'를 내가 몇 번이나 잡았는지 세어보았다. 나의 주업인 경쟁 PT(여러 광고회사가 새 프로젝트를 수주하기 위해 기획서와 제작물을 프레젠테이션하는 과정)에서 87번을 이겼다. 그렇다면 100번을 채우고 나가야지. 다음 해 겨울쯤이 아닐까 싶었다. 이 이야기를 회사에서 가장 하지 말아야 될 상대이자 가장 하고 싶은 사람에게 했다. 나의 본부장님이자 내가 믿고 좋아하는 선배.

볕이 잘 드는 본부장실 테이블에 마주 앉았다. 선배는 이상한 애 다 봤다는 눈초리로 안경 너머 나를 지그시 바라보다가 종이에 연필로 13을 썼다. "열세 개. 한참 남았네. 잊고 있을게." 그 이후로 본부장님은 진짜 내 각오를 잊으셨는지 더욱 박차를 가하여 일을 주셨다. 1년 사이 열한 번을 더 이겼고, 100에서 2개를 채우지 못했다. 퇴사를 한 달 앞두고 친구에게 이게 좀 걸린다고 말했더니, 친구가 오래된 기사를 하나 보내줬다. '차붐, 98골 넣고 은퇴.'

멋있다. 나도 99승 되기 전에 그만둬야겠어!

퇴사를 말하기 전까지는 퇴사를 결단하는 것이 퇴사 과정 중 가장 난이도가 높은 단계라고 생각했다. 틀렸다. 퇴사를 공론화하자 질문이 쏟아졌다. 중년의 퇴사, 팀장의 퇴사, 장기 근속자의 퇴사, 이직이 아닌 퇴사는 모두에게 의문투성이의 사건이었기 때문이다. 나는 예비 입사자보다 더 치열하고 성실하게 질문에 답변하는 예비 퇴사자가 되었다.

"나간다고? 어디 가는데?"라는 질문에는 "아무데도 가지 않아요"라고 답했다.

"나가서 뭐 하게?"라는 질문에는 "제 몸으로 할 수 있는 모든 일을 해보려고요"라고 답했다.

"불안하지 않아?"라는 질문에는 "불안하죠. 그런데 불안하게 살려고요"라고 답했다.

"이제 우리는 어떡하냐?"라는 말에는 "아유, 아무 문제 없죠"라고 말했다.

"잡으면 잡힐래?"라는 질문에는 아무 답도 못 하겠어서 손사래만 쳤다.

직장 동료와 선후배 다음 관문으로는 가족이 있었다. 이제 엄마, 아빠의 질문세례를 받을 차례다. 부모의 동의가 없어도 하고 싶은 일을 할 수 있는 게 어른이지만, 부모의 지지가 있으면 행복해지는 게 또 어른이다. 이미 회사에서 각양각색의 사례로 어떤 질문이 나오는지를 경험했기 때문에 경쟁 PT처럼 시나리오가 생겼다.

엄마는 오랜만에 내가 온다고 식탁을 가득 차리셨다. 프레젠테이션을 앞두고는 든든하게 먹어야 하기에 고봉밥을 비웠다. 딸보다 더 바쁜 노부부와 한시 한자리에 있는 건 우리 가족에게 흔치 않은 기회라, 식사를 마치고 소파에 앉자마자 말을 꺼내려는데, 아빠는 벌써 당구 모임에 갈 채비를 하셨다. 아빠는 정기 당구 모임을 주 2회 나가시고, 집에서는 PBA*Professional Billiards Association*(프로당구협회) 중계를 즐겨 보시는 열혈 당구인이시다.

"나 할 말 있는데, 아빠 언제 나가야 돼?"

"딱 10분 있다가."

"아… 10분이면 충분하긴 할 텐데…."

대한민국 가정집, 30평대 아파트의 거실을 상상해보자. 3인용 소파 옆에는 1인용 소파가 있다. 아빠가 1인용 소파에 멀찍이 앉아 있고, 내가 3인용 소파의 가운데에, 엄마는 내 오른편에 나란히 앉았다. 내가 정면의 꺼진 TV를 바라보며 입을 연다. 엄마와 아빠가 꺼진 TV를 보며 내 말을 듣는다. 프레젠테이션의 정석은 청자의 눈을 바라보는 것인데, 이거 괜찮은가.

아이스 브레이킹도 없이 "나 회사 그만두려고"로 시작된 말이 지난 20년을 굽이굽이 빠르게 훑고 향후 몇 년을 향해 달려가고 있었다. 머릿속에서는 의심이었는데 입 밖으로 뱉어지자 확신이 되어버리는 말들. 원래 말이라는 것이 하다 보면 자신감이 붙는다. 내 말에 내가 도취되기 때문이다. 너무 갔나 싶은 말들이 꼬리를 물고 나오는데, 오른쪽에서 깊은 한숨이, 왼쪽에서는 손가락이 소파 다리를 치는 탁탁 소리가 들려온다. 그리고 마침내 아빠가 입을 열었다.

"그만 말해도 돼. 잘 생각했다. 축하한다. 악수하자."

그만 말해도 돼? 잘 생각했어? 시나리오에 없던 반응에 어리둥절한 나는 손을 내미는 아빠를 향해 몸을 돌려 악수를 하고 다시 엄마 쪽으로 몸을 돌려 한 번 더 악수를 했다. 잡은 두 손이 모두 따뜻했다.

"아빠가 한 가지만 당부할게. 앞으로 혼자 일할 거면 공부 많이 해야 돼. 공부 안 하면 바로 티나. 공부해라."

왜 의심하지 않느냐고 오히려 묻고 싶어서, 왜 철없다 말하지 않나 궁금해서 입을 달싹이는데 아빠는 벌써 현관으로 나가 구둣주걱을 들고 운동화를 신는다. 내가 제일 좋아하던 것도 뒤에 약속 있는 임원과의 회의였지. 당구 약속이 만든 산뜻한 마무리였을지라도, 나는 이 묵직한 말이 내 것이라서, 이 둥그런 지지가 내 편이라서, 이 두 사람이 내 부모라서 고마웠다. 너무 고마워서 무사히 퇴사를 해내고 나가 내가 뱉은 말들을 차근차근 정말로 다 해내고 싶어졌다.

내가 가진 것 중 팔고 싶은 것들과 아직 가지지 못했지만 팔고 싶은 것들을 품고 회사를 나왔다. 기회에 최선을 다하면, 다음 기회가 온다는 것을 안다. 최선을 다했다면 기회는 날아가도 사람이 남는다는 것도 안다. 이것도 다 회사에서 배웠다. 회사에서 배운 대로 살아볼 생각이다.

  퇴사 첫날, 아침 일찍 일어나 수영장에 갔다가 집 앞 카페에 앉아 초겨울 찬바람을 맞으며 뜨거운 커피를 마셨다. 출근 시간이 지났는데도 카톡이 한 통도 오지 않았다. 출근길에 보기만 했던 과일 트럭에 가서 바나나를 골랐다. 가장 작은 것을 달라고 말했더니 사장님이 운전석으로 가서 두 개를 꺼내 주셨다. 값을 물으니 그냥 가져가라고 하신다. 아니라고 해도 맞다고 했다. 잘 익은 바나나를 먹으며 생각했다. 회사 밖이 춥기만 한 건 아닌가 보다.

Ending Writing II

How & What 버킷리스트 쓰기
with 좋아하는 문장에서 인생 찾기

❀❀❀

어서 오세요! 엔딩 라이팅 두 번째 시간입니다. 오늘도 질문으로 시작해보려고 해요.

버킷리스트를 아시나요?

물론 아시겠지요. 죽기 전에 해보고 싶은 것들을 쓴 목록. 미루지 말고 하나씩 해내면서 인생을 후회 없이 살자는 의미로 쓰죠. 써보지는 않았더라도 한 번쯤 생각은 해보셨을 거 같아요. 어느 5학년 초등학생의 버킷리스트에는 뭐가 있는지 한번 볼까요?

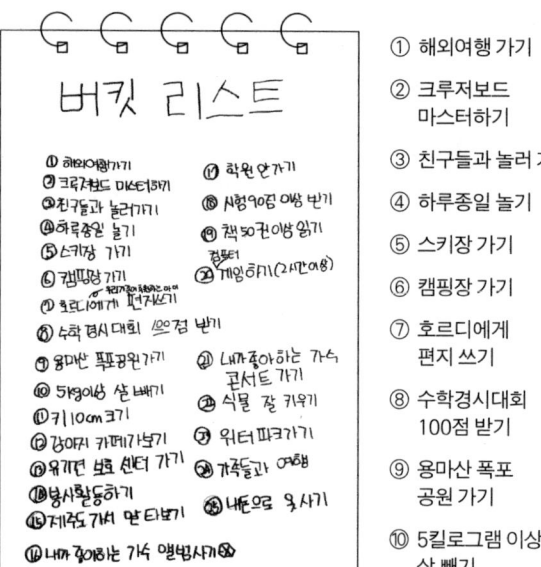

① 해외여행 가기
② 크루저보드 마스터하기
③ 친구들과 놀러 가기
④ 하루종일 놀기
⑤ 스키장 가기
⑥ 캠핑장 가기
⑦ 호르디에게 편지 쓰기
⑧ 수학경시대회 100점 받기
⑨ 용마산 폭포 공원 가기
⑩ 5킬로그램 이상 살 빼기

출처: 네이버 블로그 '신배화 작가'

　이 친구를 잘 알지는 못하지만 놀고 싶은 욕망이 크다는 것만큼은 확실하게 알겠어요. 크루저보드가 뭔지 몰라서 찾아봤더니 일종의 스케이트보드인데 어린이도 쉽게 탈 수 있게 만들어진 것이더라고요. 재밌나 봐요. 용마산 폭포 공원은 저도 못 가봤는데 가보고 싶어지네요. 친구들이랑 놀고, 하루 종일 놀고, 스키장 가서 놀고, 캠핑장 가서 놀면, 수

학경시대회 100점은 못 받을 거 같아 걱정인데, 호르디는 가족이 후원하는 아이라고 해서 제 마음을 녹이네요. 5킬로그램 감량이라니, 대학 가면 살은 다 빠진다고 거짓말해주고 싶어요.

그럼 이번에는 직장인의 버킷리스트를 볼까요?

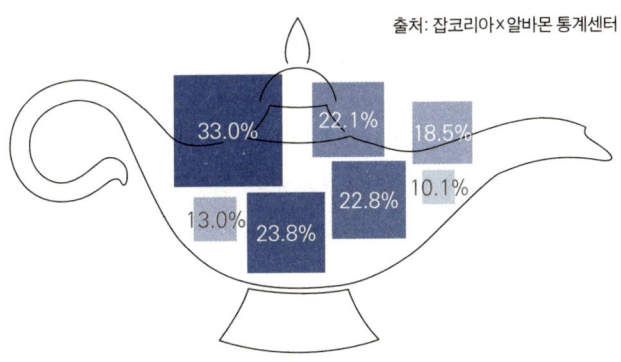

출처: 잡코리아×알바몬 통계센터

- 1위 　목돈 마련, 재테크
- 2위 　이직
- 3위 　자격증 취득
- 4위 　다이어트 성공
- 5위 　제주/해외 한 달 살기
- 6위 　연애하기
- 7위 　퇴사

대략 20년 사이에 무슨 일이 일어난 건가요. 목돈이 필요해졌고, 회사는 옮기거나 그만둬야 하는 것이 됐고, 해외여행으로는 부족해서 한 달 살기 정도는 해야 행복해졌습니다. 다이어트만이 소나무처럼 한결같은 소망이네요. 저의 버킷리스트와도 크게 다르지 않습니다.

그런데 버킷리스트의 유래를 알고 계시나요? '버킷*bucket*'은 양동이라는 뜻이죠. 중세 유럽에서 교수형을 집행할 때 죄수가 양동이에 올라갔는데요. 재판관이 "킥 더 버킷!(양동이를 걷어차라!)"이라고 외치면, 사형 집행관이 양동이를 사정없이 발로 차서 죄수의 목숨을 끊었습니다. 양동이 위에 올라선 죄수는 어떤 마음이었을까요. 양동이를 걸어서 내려갈 수 있다면 어떻게 살고 싶었을까요.

이처럼 버킷리스트는 양동이 위에 섰을 때 하지 못해 후회로 남는 일들이라고 합니다. 우리가 흔히 생각하는 위시리스트와는 달리, 버킷리스트는 훨씬 더 절박한 의미였던 거죠.

양동이 위에 있다고 상상해봤어요. 잘은 몰라도 자격증 하나 더 딸 걸 또는 살을 더 뺄 걸 같은 생각은 들지 않을 거 같아요. 그 대신 좀 더 마음대로 살 걸, 좀 더 고마워하며 살 걸 같은 후회가 들지 않을까요? 양동이에 안 올라가봐서 솔

직히 잘 모르겠습니다. '어떻게' 살고 싶었는지도, '무엇'을 하고 싶었는지도 모른 채로 죽게 될 가능성이 높겠네요.

그래서 이번 시간에는 나도 잘 몰랐던 내 버킷리스트를 발견해볼 생각이에요. '무엇'을 하고 싶은지 목록을 적기 전에, 조금 더 근본적인 질문인 '어떻게' 살고 싶은지에 대한 답을 구체화해볼 생각입니다. 아주 쉽고 재미있게 해보려고요. 저 지금 너무 밥 로스*Bob Ross* 아저씨 같나요?

How & What 버킷리스트 쓰기

평소 좋아하는 문장 5개 가져오기
↓
**그 문장처럼 살기 위해서 '어떻게' 해야 하는지
How 버킷리스트 쓰기**
↓
**How 버킷리스트처럼 살기 위해서 '무엇'을 해야 하는지
What 버킷리스트 쓰기**
↓
What 버킷리스트를 언제 할 수 있는지 쓰기

이번 시간에는 평소 좋아하는 문장 5개가 필요합니다. 책을 보거나 영화를 보다가, 유튜브를 보거나 SNS를 보다가, 노래를 듣다가, 길을 걷다가도 마음을 울리는 문장을 만나면 사진을 찍거나 메모해서 저장해두시는 분들이 계시죠? 아주 좋은 습관입니다. 저장해둔 문장들이 있다면 사진첩이나 메모장에서 유독 마음에 드는 5개를 골라보세요. 혹시 수집해놓은 문장이 없다면, 지금부터 찾으셔도 좋습니다. 저는 여기까지 쓰고 집중력이 다해 아주 잠깐 딴짓을 하려고 블로그에 들어갔다가 놀랍게도 지금 막 이웃님이 올리신 글을 봤어요.

Work hard, be kind, and amazing things will happen.
(열심히 일하고 타인에게 친절해라. 그럼 놀라운 일이 일어날 것이다.)

미국의 유명한 코미디언인 코난 오브라이언 *Conan O'Brien* 이 한 대학교 졸업식 축사에서 한 말이에요. 미국에 사는 제 블로그 이웃 제니 님은 이 말을 가슴에 담아두었다고 해요.

취업을 오랫동안 준비하던 제니 님은 일이 뜻대로 되지 않자 이웃들의 강아지를 산책시켜주는 아르바이트를 하게 됐어요. 지난 네 달 동안 지각 한 번 하지 않으며 열심히 했고, 늘 고객에게 밝게 인사하고 강아지들에게 친절했죠. 그리고 놀랍게도 동물병원에 취직하게 됐습니다. 오늘 마지막 산책을 하고 나서 강아지 주인인 스티브 아저씨에게 취직하게 되어 이 일을 그만두는 거라 말하자, 아저씨가 선물로 와인을 건네며 이렇게 말했다고 해요. "역시 그렇구나! 너는 어디에서든 어메이징하게 잘할 거야. 난 믿어." 저도 믿습니다. 성실하고 다정한 제니 님에게 앞으로 얼마나 더 놀라운 일이 일어날까요.

그렇습니다. 세상이 어찌나 좋아졌는지 이렇게 잠깐 딴짓을 하다가도 누군가의 인생 문장을 훔칠 수 있어요. 여러분도 금방 주옥같은 문장 5개를 찾으실 수 있다는 이야기입니다. 자, 그럼 써볼까요?

▼ **내가 좋아하는 문장 5개**

1) _____
2) _____
3) _____
4) _____
5) _____

누군가는 이렇게 적으셨네요.

▼ 내가 좋아하는 문장 5개

1) 올림픽에 지기 위해 나가는 선수는 없다. _영화〈스프린터〉
2) 겁 없이 살지 말되 겁먹지 말라. _아웅산 수치 격언
3) 서두르는 것에는 축복이 없다. _케냐 속담
4) 너에게는 체로 거르듯이 거르고 걸러서 가장 고운 말들만 하고 싶었는데, 내가 그러지를 못했다. _최은영《밝은 밤》
5) 큰 꿈을 꾸면 신이 돕는다. _터키 속담

책장을 보면 어떤 사람일지 알 수 있는 것처럼, 문장을 봐도 어떤 사람일지 그려지지 않나요? 어떤 얼굴인지는 모르지만 어떤 생각을 하며 살아가는 사람인지 조금은 눈치챌 수 있습니다. 내가 좋아하는 문장에는 나의 철학, 나의 인생관, 나의 성격, 나의 취향이 담겨 있죠. 고르신 5개의 문장을 다시 보세요. 그 많은 문장 사이에서 왜 유독 이 문장들이 마음을 울렸을까요? 그렇게 살고 싶기 때문이죠. 이 문장들을 거름으로 버킷리스트를 써보겠습니다.

앞서 말씀드렸던 것처럼 우리는 How & What 2단계로

버킷리스트를 쓸 건데요. 먼저 문장을 하나씩 보며 그 문장을 내 인생에 적용한다면 어떻게 살아야 할지 How 버킷리스트를 써보기로 해요. 이렇게요.

내가 좋아하는 문장 ❶ 올림픽에 지기 위해 나가는 선수는 없다.
↓
나의 인생에 적용한다면?
↓
How 버킷리스트 ❶ 불리해 보이는 싸움도 일단 한번 해보자.

내가 좋아하는 문장 ❷ 겁 없이 살지 말되 겁먹지 말라.
↓
나의 인생에 적용한다면?
↓
How 버킷리스트 ❷ 해보고 싶은 걸 겁이 나서 포기하지는 말자.

내가 좋아하는 문장 ❸ 서두르는 것에는 축복이 없다.
↓
나의 인생에 적용한다면?
↓

How 버킷리스트 ❸ 나의 조급함을 남에게 들키지 말자.

내가 좋아하는 문장 ❹ 너에게는 체로 거르듯이 거르고 걸러서 가장 고운 말들만 하고 싶었는데, 내가 그러지를 못했다.

↓

나의 인생에 적용한다면?

↓

How 버킷리스트 ❹ 친절하자.

내가 좋아하는 문장 ❺ 큰 꿈을 꾸면 신이 돕는다.

↓

나의 인생에 적용한다면?

↓

How 버킷리스트 ❺ 꿈은 꿈답게 비현실적으로 꾸자.

여러분의 문장을 보며 각자의 How 버킷리스트를 채워보세요.

내가 좋아하는 문장	How 버킷리스트

다 쓰셨나요? 어떠신가요. 우리가 지금껏 알던 버킷리스트와는 많이 다르지만, 급변하는 세상의 풍파 속에서 무엇을 삶의 기준으로 삼아야 할지 알 것 같지 않나요? '나'라는 집의 가훈이 생긴 것 같은 기분도 들고요.

자, 이제 조금 더 힘을 내서 무엇을 하며 살아야 하는지 구체화해볼게요. 다섯 개의 How 버킷리스트를 보며 이렇게 살기 위해서는 무엇을 하는 게 좋을지 써보세요. 바로 What 버킷리스트입니다. 예시를 보여드릴게요.

How 버킷리스트 ❶ 불리해 보이는 싸움도 일단 한번 해보자.
↓
이렇게 살기 위해서는 무엇을 해야 할까?
↓
What 버킷리스트 ❶ "그게 되겠어?"라는 말 절대 하지 않기, "일단 해보자"라고 말하는 사람들과 일하기

How 버킷리스트 ❷ 해보고 싶은 걸 겁이 나서 포기하지는 말자.
↓
이렇게 살기 위해서는 무엇을 해야 할까?
↓
What 버킷리스트 ❷ 강아지 키우기

How 버킷리스트 ❸ 나의 조급함을 남에게 들키지 말자.
↓

이렇게 살기 위해서는 무엇을 해야 할까?

↓

What 버킷리스트 ❸ 먼저 듣고, 생각하고, 느리게 말하기

How 버킷리스트 ❹ 친절하자.

↓

이렇게 살기 위해서는 무엇을 해야 할까?

↓

What 버킷리스트 ❹ 엄마랑 통화할 때 고운 말 쓰기

How 버킷리스트 ❺ 꿈은 꿈답게 비현실적으로 꾸자.

↓

이렇게 살기 위해서는 무엇을 해야 할까?

↓

What 버킷리스트 ❺ 아프리카에 내 집 장만

What 버킷리스트는 구체적일수록 좋습니다. 사소해도 좋습니다. 좋아하는 문장을 품고 살았더니 그렇게 살게 된 제니 님을 생각하며, 무엇을 하며 살고 싶은지 써봅시다.

내가 좋아하는 문장	How 버킷리스트	What 버킷리스트

적어도 5개의 할 일이 생겼습니다. 여러분이 무엇을 어떻게 쓰셨을지 정말 궁금합니다. 이제 아주 간단한 마지막 단계가 남았습니다. 이 일들을 언제 해야 할까요? 물론 죽기 전에 해야겠죠. 하지만 좀 더 빨리 할 수도 있겠죠. 좀 더 자주 할 수도 있고요. 먼 훗날로 미루지 말고 10년 뒤에 죽는다고 가정하고, 5개의 버킷리스트를 언제까지 이룰지 정해보세요. 이번에도 예시 먼저 보겠습니다.

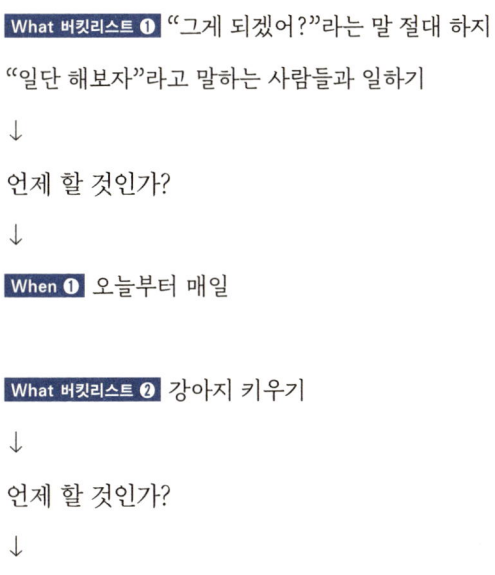

What 버킷리스트 ❶ "그게 되겠어?"라고 말 절대 하지 않기, "일단 해보자"라고 말하는 사람들과 일하기

↓

언제 할 것인가?

↓

When ❶ 오늘부터 매일

What 버킷리스트 ❷ 강아지 키우기

↓

언제 할 것인가?

↓

When ❷ 5년 내에

What 버킷리스트 ❸ 먼저 듣고, 생각하고, 느리게 말하기

↓

언제 할 것인가?

↓

When ❸ 오늘부터 매일

What 버킷리스트 ❹ 엄마랑 통화할 때 고운 말 쓰기

↓

언제 할 것인가?

↓

When ❹ 오늘부터 매일

What 버킷리스트 ❺ 아프리카에 내 집 장만

↓

언제 할 것인가?

↓

When ❺ 10년 내에

단기 목표와 장기 목표가 생겼네요. 여러분도 마음을 굳게 먹고 언제까지 할지 적어보세요.

내가 좋아하는 문장	How 버킷리스트	What 버킷리스트	When

빈칸을 다 채우셨나요? 정말 잘하셨어요. 마음껏 뿌듯함을 느끼시면 좋겠습니다. 다시 한 번 상상으로 양동이 위에서 보았습니다. 그런데 이렇게만 살아간다면, 시상대 위에는 오를 수 있어도 양동이 위에 설 일은 없을 거 같아요.

앞으로도 우리는 좋은 문장들을 계속 만나겠지요. 살다 보면 가치관이 달라져서 새로운 문장들이 마음을 울릴 수도 있어요. 그럴 때는 How & What 버킷리스트를 업데이트해 보세요. 지금 시점에서 다시 나를 움직이는 문장을 보며 어떻게 살고 싶은지, 무엇을 해야 하는지 조정해보세요. 언제까지 할지도 너무 미루지 말고 조금이라도 앞당겨보시고요.

두 번째 엔딩 라이팅이 끝났습니다. 오늘도 정말 수고 많으셨어요. 푹 쉬시고 다음 시간에 또 뵙겠습니다.

3장 | # 어떻게 기록되고 싶으세요?

저는
우연히 통번역 학원에 등록했다가
언어의 뒷문을 열면
나오는 세계를 엿보게 되었습니다.

여러분은
어떤 세계를 동경하시나요?

이루고 싶은 것과 이미 이룬 것의
차이를 생각해보고,
장례식장에서 조문객을
한번 피식하게 할
나의 부고기사를 써보는 시간입니다.

Episode III

창피하지만
나는 계속 한다

❊

 늘 잘하고 싶었다. 영어를. 좋아하는 배우의 수상 소감을 이해하고 싶었고, 게스트하우스에 여행자들이 놓고 간 얼룩진 소설들을 읽고 싶었다. 악센트가 어떻든 누군가 던진 농담을 낚아채 맞받아치고 싶었고, 방명록에 재치 있는 한 줄을 남기고 싶었다. 욕심은 득실득실 커져《행복의 지도》의 저자 에릭 와이너*Eric Weiner*처럼 질문 하나를 들고 이 도시 저 도시 여행하며 온갖 사람들을 만나 이런저런 답들을 수집해서 글을 쓰고 싶었다. 그러니까 모국어 아닌 언어로 글을 쓰고 싶었다.

그래서 늘 영어 주위를 기웃댔다. 가장 꾸준히 한 건 '전화영어'였다. 이른 아침, 먼 도시에 사는 사람과 하루 10분간 내 현실과 다른 이야기를 나누고 나면 하루를 시작할 힘이 생겼다.

나의 가장 오랜 전화영어 선생님은 미셸이었다. 월, 수, 금 아침 수영을 마치고 출근하는 길에 전화를 받았다. 뉴욕 출신의 미셸은 마케팅 회사 인사팀에서 일한 적이 있다고 했다. 직원 상담을 자주 했는데, 상담 도중에 우는 직원을 많이 만났다면서 내게 직장에서 하고 싶은 말이 있다면 절대 울지 말고 하라고 당부했다. 마음에 새겼다.

미셸은 일을 그만두고 군인인 배우자를 따라 하와이로 이주했고, 다시 하와이에서 플로리다로 이주했다. 플로리다에서 산 지 4년째 되던 해에 내 선생님이 된 것이었다.

"나는 친구가 없어. 플로리다 사람들은 늘 웃고 있지만 속마음을 알 수가 없거든. 사람들은 뉴요커들이 재수없다고 말하지만, 싫으면 싫은 티를 내는 게 난 더 편해. 이상하게 들리겠지만, 재수 없이 구는 사람들한테 익숙해지면 그거에 편안함을 느끼나 봐. 솔직한 게 뭐가 나빠? 현관문만 열고 나가면 나랑 비슷한 사람들을 만날 수 있던 그곳이 그리워."

전화영어 선생님들 중에는 플로리다 사람들이 많아서 나는 플로리다인들을 조금 안다고도 할 수 있다. 미셸 다음으로 나를 오래 가르쳤던 제니퍼도 플로리다에 사는 할머니였는데 늘 쾌활한 목소리로 수다를 떨다가 감정이 격해지면 울곤 했다. 제니퍼와 미셸은 친구가 되지 못하겠지.

미셸은 갱년기 여성에 대한 책을 쓰고 있었는데 내가 《컨셉 라이팅》을 쓰던 시기와 겹쳐, 우리는 매일 10분씩 출판의 기쁨과 슬픔을 나누며 서로의 아침과 밤을 공유했다.

그리고 몇 달이 지난 어느 날, 미셸이 뉴욕으로 돌아간다고 말했다.

"와우. 정말? 남편이 발령 났어?"

"아니, 이혼할 거야."

플로리다에서 뉴욕까지의 이사 비용은 욕이 나오게 비쌌다. 그나마 저렴한 이삿짐센터는 사기를 치고 사라졌지만, 미셸은 아랑곳하지 않고 플로리다의 햇살이 담긴 티셔츠를 입고 8살 된 강아지와 뉴욕의 초고층 아파트 17층으로 이주했다. 뉴욕에 도착하자마자 스웨터를 샀다는 미셸의 목소리 너머로 삐용삐용 사이렌 소리가 가까워졌다가 멀어졌다. 너, 정말 뉴욕에 있구나.

한 달 만에 플로리다에서 소파가 왔고, 그곳 저택에서는 작았던 소파가 뉴욕 아파트에서는 너무 커서 한쪽을 갖다버려야 하는데 누구에게도 도움을 요청하고 싶지 않아서 소파 쪽을 보고 있지 않다고 말했다. 마침 운전 중이었던 나는 "지금 액셀을 밟아 너희 집으로 가서 딱 소파만 옮겨주고 돌아오면 좋겠다"고 했다. 나도 그 마음이 뭔지 잘 안다. 행복한데 불편한 거.

미셸은 10여 년 만에 두툼한 양모 양말을 꺼내 신었고, 첫 번째 책을 뚝딱 써냈고, 두 번째 책을 쓰기 시작했으며, 내가 가르쳐준 대로 인스타그램 계정을 만들었고, AI로 혼자 책표지도 만들었다. 주말에는 카페에서 친구들을 만나 세상만사를 흉보고 저녁에는 가끔 와인을 마신다. 도시의 젊은이들이 삼시 세끼 배달을 시켜먹는 것에 놀라며 엘리베이터가 붐비지 않는 새벽 여섯 시 반에 강아지 산책을 시키러 나간다. 여전히 웃기고, 더 이상 외롭다는 말은 하지 않게 되었다.

오래도록 미셸과 대화하는 걸 정말 좋아했지만 전화영어는 실력이 늘기보다는 눈치가 느는 학습 방법이었다. 쌓인 시간 덕분에 내가 개떡같이 말해도 미셸은 찰떡같이 알아들어줬기 때문이다.

퇴사를 하고 마음과 시간에 여유가 생기면서, 본격적으로 영어를 배우고 싶어졌다. 때아닌 폭설이 쏟아진 2월의 어느 날, 동네 친구 유정 님과 백사실 계곡으로 썰매를 타러 갔다. 산동네로 이사 온 4년 전부터 새롭게 생긴 취미다. 백사실 계곡에 썰매장이 있을 리가 없다. 눈이 쏟아지면 만 오천 원 주고 산 플라스틱 썰매를 들고 나가서 적당한 비탈길을 만나면 타고 내려온다. 생각보다 스릴이 넘친다. 엉덩이가 얼얼해지고 온몸이 두드려 맞은 것처럼 욱씬거리기 시작하면 그만 탈 때다.

동네 커피숍에서 썰매를 꼬마에게 빌려주고 핫초코를 마시다가 유정 님에게 물었다.

"화상으로 영어 공부하죠? 그거 저도 해볼까요?"

나랑 썰매를 타고 다녀서 그렇지, 유정 님은 경영학 전공의 박사님이다. 내 주변에서 가방끈이 가장 길다. 박사님답게 뭐든 배우는 것을 참 좋아하고 꾸준히 하는데, 영어도 그중 하나였다. 유정 님이 내 사정을 듣자마자 자신이 예전에 들었던 수업이 있는데 진짜 추천하고 싶다며 검색을 하더니 휴대폰을 건넸다.

"어머나, 이번 주말이 신청 마감이래요. 운명이네요"

〈*한국외국어대학교 서울평생교육원 통번역 기초 과정*〉
- **교육 목표**: *수준 높은 외국어 구사력 함양 및 통번역*
  현장에서 유용한 기술 습득
- **교육 시간**: *총 15주. 매주 토요일 10:00~17:00*
  (일 6시간 총 90시간)
- **교육비**: *2,550,000원*
- **강의 교수**: *전문 통번역사*

 영어로 글을 써보고 싶다고만 생각했지 통번역을 배울 생각은 없었다. 영어를 좀 제대로 배워보고 싶다고만 생각했지 황금 같은 토요일에 6시간씩이나 강의실에 앉아 있을 생각은 없었다. 게다가 퇴사하고 수입이 일정치 않은 프리랜서에게는 부담되는 수강료였다. 안내문 한 줄 한 줄이 나를 망설이게 했다.
 그렇다. 나는 망설이고 있었다. 회사를 다닐 때라면 망설임 없이 바로 포기했을 것이다. 주말 하루를 빼서 공부를 한다니, 깔끔하게 미지의 어느 날로 미뤘을 것이다. 그런데 지금 나는 망설이고 있다. 망설인다는 것은 해볼 만하다고도 생각한다는 것이다. 가능성을 품은 행동이다. 다른 때가 아닌 지금 이 수업을 알게 된 것, 게다가 그 주말이 마감이라는 사실이 운명 같았다. 나는 썰매로 얻은 근육통이 다 사라지기도 전에 결국 통번역 수업을 등록했다. 카드를 긁고 이렇게 떨어본 적이 있나? 생각해봤더니 없다. 이렇게 곧바로 취소하고 싶었던 소비가 있었나? 생각해봤더니 그런 적도 없다. 15주간 토요일마다 3시간은 통역을, 점심 먹고 3시간은 번역을 배우게 됐다.

수업 첫날, 긴장되는 마음으로 엘리베이터가 없는 오래된 건물 3층에 있는 강의실로 들어갔다. 나와 비슷한 긴장을 얼굴에 붙인 사람들이 앉아 있었다. 한 분은 안동에서, 한 분은 대전에서 오셨다고 했다. 학원에서 영어를 가르치는 분도 있었고, 119 구조대원으로 일하는 분도 있었다. 한국어를 더 잘하고 싶어서 수업을 신청한 미국인도 있었다. 회사를 운영하는데 해외 바이어 만날 일이 많아져 공부를 결심했다는 분도 있었다. 출신지도 직업도 통번역 공부를 결심한 이유도 제각각인 일곱 명이 모였다. 이런 세계가 있었다니. 영어 하나로 이런 사람들을 만나다니. 첫날 수업에서 내가 '들은' 건 이 자기소개가 전부였다. 그 이후로는 정말 아무것도 들리지 않았기 때문이다. 3월 초, 난방이 꺼진 교실에 있었지만 손에 땀이 고이고 등에 소름이 돋았다.

통번역을 배울 거라고 고백했더니, 친구가 딱 맞는 책이 있다며 선물해줬다. 소설가 줌파 라히리*Jhumpa Lahiri*는 대작가가 된 이후, 이탈리아어를 배워 떠듬떠듬 이탈리아어로 이 책을 썼다고 한다. 《이 작은 책은 언제나 나보다 크다》. '이 작은 책'은 작가가 늘 들고 다녔던 휴대용 사전이다. 아름답고 치열하고 내 심정을 쏙 빼다 담은 이 책에는 첫 수업을 마치고 쓰러진 내 소감이 담겨 있었다. '창피하지만 나는 계속한다.'

똑같이 언어를 바꾸는 일인데 통역의 수단이 말이라면, 번역은 글이라고만 생각했었다. 그런데 몇 주 동안 '창피하지만 계속 해보니' 통역과 번역은 전혀 다른 세계였다. 통역이 회전 초밥이라면 번역은 코스 요리라 할 수 있다. 참치 뱃살 하나를 집어 입에 채 넣기도 전에 도미 뱃살, 성게알, 단새우, 광어, 묵은지, 새우튀김 접시들이 밀고 들어오는 것이 통역의 세계라면, 번역은 시간을 두고 음식 하나하나를 씹고 뜯고 맛볼 수는 있지만 도대체 이 코스가 언제 끝나는지 알 수가 없어서 아득해지는 세계였다.

하루는 통역 수업에서 AI가 의학계에 미치는 영향에 대해 들었다. 영어로 된 영상을 5분 정도 본 뒤, 교수님이 한 사람당 문장 세 줄씩 서너 번 읽어주고 영한 통역을 시키셨다.

단어를 모르는 것도 문제지만 더 큰 문제는 문장이 기억나지 않는다는 것이었다. 옆에 앉은 미국인 학생이 질문했다. "노트 필기를 어떻게 하면서 들어야 하나요?" 그 답으로 교수님이 자신의 필기 예시를 보여준다.

UK ⊕ Q 人 死%

암호 같은 이 낙서는 이렇게 통역되었다.

영국(UK) 의료 당국(⊕)은 감시(Q)를 강화했다.
특히 심장외과 의사 개인별(人) 사망률(死%)을 공개하기 시작했다.

교수님이 자기만 알아보면 되니까 통역 중에는 단서를 빠르게 적으라고 했는데, 이 정도로 자기만 알아보게 적을 줄은 몰랐다. 그러나 교수님은 필기보다 중요한 건 단기 기억력이라고 말했다. "그냥 기억하는 게 제일 좋죠." 다른 학생이 묻는다. "그럼 단기 기억력은 어떻게 높이나요?" 교수님이 답했다. "투수가 공 던지는 연습을 무한 반복하는 것과 같아요. 듣고 기억하고 쓰는 거예요. 쓰고 또 쓰고 또 쓰고…." 차마 더 들을 수가 없어서 창 밖을 바라봤다. 부슬부슬 비가 내리고 있었고 나는 훗날 어느 곳에서 통역사를 만나게 된다면 그의 머리를 어루만져주고 싶다는 상념에 빠졌다. 수고가 참 많아요. 당신의 뇌는 정말 귀하고 멋지네요.

어느 번역 수업에서는 처음으로 칭찬을 받았다. "괜찮게 하셨는데요?" 많이 애매한 칭찬. 입꼬리가 올라가는데 그럴 정도의 상황은 아니니까 입을 꾹 다물고 웃었다. 교수님은 지속적으로 3단계 번역을 하라고 말했다.

1단계 직역: 정확하게 상세하게 번역한다.
2단계 다시 쓰기: 직역한 문장들을 보며 원문을 잊고 읽기 좋게 고친다. 마음껏 빼고 더한다.
3단계 점검: 다시 원문과 대조하며 너무 멀리 간 것은 아닌지 더 가도 되는지 수위를 조절한다.

두 달 가까이 귀가 따갑게 들었지만 두 달이 지나서야 겨우 2단계로 넘어갈 수 있었다. 힘들었던 이유는 원문을 잊고 마음껏 고친다는 것이 탈선처럼 느껴졌기 때문이다. 하지만 탈선을 하니 비로소 번역이 재밌어졌다. 원문을 이해했으니, 이제 내가 이해한 것을 내 방식으로 다시 전하는 것. 이것은 참 즐거운 글쓰기였다. 수학 문제를 푸는데 공식을 자유자재로 쓰며 정답을 향해가는 기분이랄까. 너무 기뻐서 3단계로 넘어가고 싶지 않은 것이 왕초보 번역가의 마음이었다.

그렇게 나는 15주간의 학기를 마쳤다. 마지막 통역 시간에는 동시통역부스에 들어가서 통역사 체험을 했다. 감옥처럼 나란히 붙어 있는 4개의 방 중 2호실에 들어가 문을 닫았다. 유리창 너머 밖이 상당히 잘 보여서 부끄러웠고, 마이크를 켜자 굉장히 외로웠다. 나의 영한 통역이 방송 불가라면, 한영 통역은 방송 사고라고 할 수 있었다. 7초 이상 아무 소리도 내지 않았기 때문이다. 부스 밖에서 안 들리던 영어가 부스 안에서 들릴 리 없었다. 그래도 조금이라도 들어보려고 이어폰을 두 손으로 누르며 책상에 코를 박았다. 그러자 벗겨진 책상 시트 위에 빼곡하게 적힌 예비 통역사들의 낙서가 크게 들렸다. '할 수 있어', '동시통역 잘하고 싶다', '나도!', '자신감 잃지 말자. 파이팅!' 역사가 느껴지는 글씨들이었다. 이들은 지금 통역사가 되어 있을까.

내가 15주 동안 배운 것은 이들의 존재이다. 내가 동경하던 언어의 뒷문을 열었더니 사람들이 있었다. 언어와 언어 사이를 뛰어다니며 진땀을 흘리고 숨 죽여서 물을 마시는 사람들.

너무나 긴장되고 당이 뚝뚝 떨어지는 고통이지만, 100페이지 넘는 원고를 들고 방에서 한 달을 두더지처럼 살아야 하는 번역보다는 8시간 마취 없는 수술을 받는 것이 나을 거 같아서 통역을 선택했다는 통역 교수님. 통역은 일단 어딘가로 가야 하니까, 가서 그곳에 몇 시간이라도 있어야 하니까, 옷을 갖춰 입어야 하니까, 인사를 하고 웃어야 하니까, 그건 너무 귀찮은 일이라 한 달이든 뭐든 하루 종일 안 나가고 혼자 있을 수 있는 번역을 선택했다는 번역 교수님. 감기에 걸리면 안 되기 때문에 봄이 오든 말든 롱패딩을 입고 단기 기억력을 유지하기 위해 술을 마시지 않는 삶을 선택한 통역사와 담배를 너무 많이 피우지 않으려고 노력하는 것이 건강관리의 전부라는 번역가.

비슷할 줄 알았지만 전혀 다른 그들 사이에서 언어를 레고처럼 쌓고 부수는 놀이, 문장을 고무줄처럼 늘였다가 도마 위에서 잘게 다지는 놀이를 체험했다. 천천히 또박또박 말하는 사람을 좋아하게 되었다. 책상에 오래도록 앉아 있는 것이 덜 두려워졌다. 창피하지만 계속하고 싶어졌다.

* * *

눈치챘을지 모르겠지만, 이 글에는 유독 비유가 많다. 통번역 시간마다 주술이 맞지 않는 짤막한 문장들을 더듬거리며, 나는 정말이지 길고 화려한 문장을 자유자재로 흥청망청 구사하고 싶었다. 이 글로 그 한을 조금 풀었다.

Ending Writing   III

6줄 부고기사 쓰기
with 동경하는 인생과 비교하기

❋

　벌써 엔딩 라이팅 세 번째 시간입니다. 제가 가장 좋아하는 시간이기도 합니다. 이번에는 부고기사를 써보려고 해요. 부고기사를 읽어본 적이 있으신가요? 유명한 정치인, 사업가 또는 연예인이 사망하면 다음날 뉴스에 그 인물의 탄생부터 죽음까지 인생을 회고하는 기사가 실리죠. '오비추어리*obituary*'라고도 하잖아요. 읽다 보면 "와, 이 사람 정말 파란만장한 삶을 살았구나" 하는 말이 절로 나와요.

　그런데 다른 나라에는 유명인뿐 아니라 평범한 사람의 부고도 기사가 된다고 해요. 〈월스트리트저널〉에는 부고기사만 쓰는 전문기자도 있는데, 때로는 일반인의 부고기사가 더 주목을 받을 때도 있다고 합니다. 그들의 부고기사를 읽은 독자들은 마찬가지로 이렇게 말하게 되죠. "와, 이 사람 정말 파란만장한 삶을 살았구나!" 유명하지 않아도, 대단한 권력과 부를 갖지 않아도, 모두의 인생은 할 말이 넘치도록 풍요로우니까요. 그래서 이번 시간에는 자신의 부고기사를 써보려고 해요.

부고기사를 쓰면 뭐가 좋을까요? 왜 쓰자고 하는 걸까요? 생각지도 못한 설문조사를 많이 하기로 유명한 영국에서 이런 설문조사를 했다고 해요. 성인 2천 명에게 물어봤습니다. "조부모의 직업을 아시나요?" 응답자의 33퍼센트가 모른다고 답했습니다. 그리고 66퍼센트가 가족의 역사에 대해 더 알고 싶다고 했다고 답했죠(출처: 2021년 4월. 비영리단체 Augr). 저는 조부모님이 무슨 일을 하셨는지는 알고 있지만, 어떤 직업인이었는지는 들은 바가 없습니다. 물어볼 생각도 못 했네요.

한 세대만 건너뛰어도 가족의 이야기를 아는 사람은 많지 않죠. 제사를 지내는 제 친구네는 몇 해 전부터 제사 방식을 바꿨다고 해요. 제사상은 최대한 간소하게 차리되, 고인에 대해 기억하는 바를 써서 읽고 함께 듣는 시간을 마련했대요. 희미한 기억을 되살려 글을 쓸 사람들은 아버지와 삼촌들, 고모들이겠죠. 고인을 한 번도 만나보지 못한 가족들도 함께 추모할 수 있는 친밀한 의식. 장례식장에서도 고인에 관한 이야기를 듣는 것을 좋아하는 저는 처음으로 제사도 재미(?)있을 수 있겠다는 기대를 하게 됐어요. 내가 죽고 사라져도 남을 인생 이야기. 가족과 지인들이 나를 추억할 수 있는 나에 대한 기록. 이것이 바로 부고기사입니다.

그런데 왜 나의 부고기사를 내가 직접 써야 하는 걸까요? 태평양 건너 미국에는 '티모시 샬라메 *Timothée Chalamet*'라는 배우가 있지요. 혹시라도 이 빛나는 배우를 모르신다면 한번 검색해보셔도 좋을 거 같아요. 티미(어느새 애칭으로 부르고 있어요)는 옷을 정말 좋아하고 잘 입기로 유명한데, 여느 연예인들과 달리 스타일리스트의 도움을 받지 않는다고 해요. 시상식처럼 아주 중요한 자리에 입을 옷도 직접 고른다는 소문에, 한 기자가 왜 스타일리스트를 고용하지 않느냐고 물었습니다. 티미가 웃으며 대답해요. "내가 제일 잘할 수 있는데 왜 남한테 맡기죠?" 저는 그의 대답을 그의 연기만큼이나 좋아합니다.

그렇습니다. 이것이 우리가 자신의 부고기사를 스스로 써야 하는 이유예요. 내 인생 회고, 이걸 나만큼 잘 쓸 수 있는 사람은 세상에 없습니다. 그리고 또 하나, 내 부고기사를 직접 쓰는 건 재미있거든요. 이 재미있는 걸 남의 손에 맡기지 마세요.

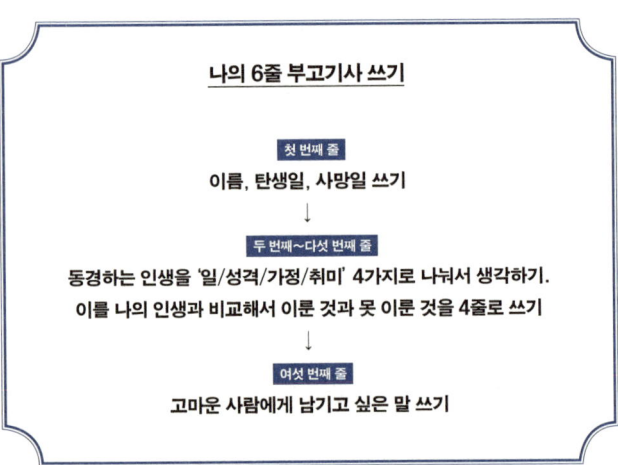

이제 정말로 나의 부고기사를 써봅시다. 6줄로 간단하게 써볼 거예요. 어떻게 내 인생을 6줄로 요약하느냐고요? 가능합니다. 첫 줄부터 써볼까요? 아주 쉽습니다.

> **첫 번째 줄 탄생과 죽음**

○○○는 ○○○○년 ○○에서 태어나, ○○○○년 ○○에서 죽었다.

오늘 밤 죽는다고 가정하고 한번 써보세요. 괜찮습니다.

> **첫 번째 줄 탄생과 죽음**

노윤주는 1981년 서울에서 태어나, 2025년 서울에서 죽었다.

저는 이렇게 되겠네요. 이제 다섯 줄 남았습니다. 두 번째 줄부터 다섯 번째 줄까지는 본격적으로 내가 어떤 사람인지 어떤 인생을 살았는지에 대해 써볼 건데요, 도중에 '이게 어떻게 부고기사가 된다는 거지?' 하는 의심이 들 수도 있지만, 믿고 따라와주세요. 다 쓰고 나면 분명 만족하실 거예요.

면접을 본다고 생각해봅시다. 내가 어떤 사람인지 아주 잘 소개해야 하죠. 정말로 쉽지 않은 일입니다. 정말로 독특한 이력을 가지고 있지 않는 한, 자기소개서로 가지런히 정리된 우리는 모두 비슷비슷하고 납작해 보이거든요. 무엇을 이야기하면 짧은 시간에 나라는 사람을 입체적으로 보여줄 수 있을까요? 어떻게 말해야 그 많은 사람 중에서 나한테 더 호기심을 가지게 만들 수 있을까요? 저는 '보이는 나'와 '보이지 않는 나'를 함께 말하라고 권해드리고 싶어요.

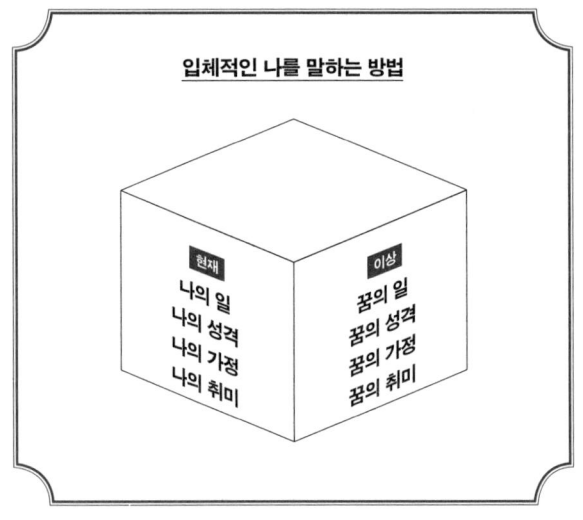

우선은 현재의 나를 말해야겠지만 현재의 내 모습이 나의 전부는 아니에요. 내가 다니고 있는 학교나 회사, 나의 가족이 말해주는 것은 나의 일부죠. 나는 그보다 훨씬 더 깊고 복잡한 사람입니다. 현재의 직업, 현재의 성격, 현재의 가정, 현재의 취미와 함께 한 겹 깊숙이에 숨어 있는 '나의 이

상'을 말해보세요. 동경하는 직업은 무엇인지, 어떤 성격을 닮고 싶은지, 어떤 가정과 삶의 형태를 꿈꾸는지, 어떤 취미와 습관을 갖고 싶은지 말이에요.

그중 몇 개는 현재의 나와 같을 수도 있고, 전부 다 현재의 나와는 다를 수도 있어요. 한 사람이 이미 이룬 것보다 이루고 싶었으나 이루지 못한 것을 말할 때, 우리는 그 사람을 더 잘 안다는 기분을 느낍니다. 납작한 현재 뒤에 숨겨진 나의 입체성을 한 장만 더 펼쳐보세요. 내가 이룬 것보다 이루고 싶었으나 이루지 못한 것을 말해보세요. 이루고 싶었던 것은 이것이었으나 그 대신 이룬 것을 말해보세요. 남들이 잘 모르는 나의 숨겨진 이야기를 써보세요.

그럼 먼저 내가 동경하는 인생은 어떤 것인지 4가지 카테고리로 나눠서 '나의 이상'을 한번 생각해볼게요. 특정한 사람이 생각나면 그 사람을 상상하며 쓰면 되고, 생각나는 사람이 없다면 그냥 편하게 상상해서 써도 좋습니다. 예를 들어볼게요.

▼ 동경하는 일

여러 언어를 자유롭게 구사하며

사람들의 이야기를 듣고 쓰는 여행 칼럼니스트

▼ 동경하는 성격

어느 순간에도 여유와 유머가 있는 사람

▼ 동경하는 가정

자유롭게 혼자 살지만

함께 웃고 울 수 있는 사람들이 곁에 있는 삶

▼ 동경하는 취미

책 속 영국 할머니처럼 비가 오나 눈이 오나

호수로 헤엄치러 가는 것

이렇게 써보는 거죠. 여러분도 한번 써보세요.

▼ 동경하는 일

___

▼ 동경하는 성격

___

▼ 동경하는 가정

___

▼ 동경하는 취미

다 쓰셨나요? 그럼 이제 부고기사의 두 번째 줄, 세 번째 줄, 네 번째 줄, 다섯 번째 줄을 채워볼게요. 나의 이상을 기준으로 두고, 나의 현재가 어디쯤에 있는지 공통점과 차이점을 찾아보세요.

예시를 보면 바로 감이 오실 거예요.

두 번째 줄 동경하는 일 vs. 나의 일
여러 언어를 구사하며 세상 이야기를 듣고 쓰고 싶었으나
언어의 장벽은 생각보다 높아
주로 서울에서 일하고 가끔 서울 밖에서 썼다.

세 번째 줄 동경하는 성격 vs. 나의 성격
어느 순간에도 여유와 유머를 잃지 않는 성격을 동경했으나,
급한 성격 탓에 여유는 얻지 못했다.
웃기다는 것을 가장 큰 칭찬으로 여겼다.

네 번째 줄 **동경하는 가정 vs. 나의 가정**

자유롭게 혼자 살지만

함께 웃고 울 수 있는 사람들을 곁에 두고 싶어 했고,

운 좋게도 평생 그렇게 살았다.

다섯 번째 줄 **동경하는 취미 vs. 나의 취미**

비가 오나 눈이 오나 호수를 헤엄치는

영국 할머니의 이야기를 읽고,

동네 수영장을 등록하여 1년 중 300일은 수영을 했다.

그럼 직접 한번 써볼까요? 오늘 시점에서의 내 인생을 쓰세요. 솔직함이 최고의 기술입니다.

두 번째 줄 **동경하는 일 vs. 나의 일**

_____

_____

_____

세 번째 줄 **동경하는 성격 vs. 나의 성격**

_____

네 번째 줄 동경하는 가정 vs. 나의 가정

다섯 번째 줄 동경하는 취미 vs. 나의 취미

 벌써 부고기사의 다섯 번째 줄까지 썼네요. 한번 읽어보세요. 나를 모르는 사람이 읽더라도 내가 어떤 사람인지 드러나는 글인가요? 내 인생이 다섯 줄로 정리되는 느낌이 드시나요? 동경하는 삶에 가까운 인생을 살고 있다는 걸 느끼셨을 수도 있겠네요.
 이제 거의 다 왔습니다. 마지막 한 줄은 가장 고마운 사람에게 전하는 말이면 어떨까요. 고마운 사람이 딱히 생각나지 않는다면 가장 마음이 쓰이는 사람에게 하는 당부의 말이어도 좋겠어요. 예시가 필요 없는 문장이지만 한번 써볼게요.

여섯 번째 줄 **고마운 사람에게 남기고 싶은 말**
집에 있는 걸 제일 좋아하면서도 함께 산책을 나서준 D에게
고맙다는 말과 함께, 고민이 있을 때면 혼자서라도
꼭 산책을 하라는 당부의 말을 전한다.

이제 여러분이 마지막 줄을 써볼 시간입니다.

여섯 번째 줄 **고마운 사람에게 남기고 싶은 말**

_____
_____
_____
_____

저의 부고기사를 참고하여 여러분의 부고기사도 완성해보세요.

6줄 부고기사

탄생과 죽음 — 노윤주는 1981년 서울에서 태어나,
2025년 서울에서 죽었다.

나의 일 — 여러 언어를 구사하며
세상 이야기를 듣고 쓰고 싶었으나
언어의 장벽은 생각보다 높아
주로 서울에서 일하고 가끔 서울 밖에서 썼다.

나의 성격 — 어느 순간에도 여유와 유머를 잃지 않는 성격을
동경했으나, 급한 성격 탓에 여유는 얻지 못했다.
웃기다는 것을 가장 큰 칭찬으로 여겼다.

나의 가정 — 자유롭게 혼자 살지만
함께 웃고 울 수 있는 사람들을 곁에 두고 싶어 했고,
운 좋게도 평생 그렇게 살았다.

나의 취미 — 비가 오나 눈이 오나 호수를 헤엄치는
영국 할머니의 이야기를 읽고,
동네 수영장을 등록하여
1년 중 300일은 수영을 했다.

감사와 당부 — 집에 있는 걸 제일 좋아하면서도
함께 산책을 나서준 D에게 고맙다는 말과 함께,
고민이 있을 때면 혼자서라도
꼭 산책을 하라는 당부의 말을 전한다.

6줄 부고기사

탄생과 죽음

나의 일

나의 성격

나의 가정

나의 취미

감사와 당부

어떠세요? 마음에 드시나요? 쓰면서 어쩐지 웃음이 좀 나지는 않으셨나요? 〈월스트리트저널〉의 부고 전문기자 제임스 R. 해거티*James R. Hagerty*는 저서 《그렇게 인생은 이야기가 된다》에 이런 문장을 남겼어요.

장례식에서 최고의 순간, 즉 슬픔을 잠시 내려놓는 순간은 추도사를 낭독하는 사람이 고인의 재미있는 버릇이나 익살스러운 말과 행동을 상기시킬 때 찾아온다는 사실이다.

저는 여러분이 스스로 쓴 부고기사가 장례식장에서 조문객들을 미소 짓게 만들 것이라 확신합니다. 여러분을 사랑하는 사람들이 두고두고 기억할 수 있는 선물 같은 글이 될 거예요. 해마다 부고기사를 새로 써보세요. 부고기사를 고쳐 쓰며 동경하는 인생과 조금 더 가까운 인생을 살아보는 거예요. 혹시 동경하는 인생이 바뀐다면 그에 맞춰서 써보세요. 가족과 친구와 함께 써보면 서로를 더 이해할 수도 있습니다. 단 6줄이지만 이 글에는 한 사람의 파란만장한 인생이 담겨 있으니까요.

4장 | 어떻게 기억되고 싶으세요?

저는
오래도록 지킨 한 우물을 벗어나
매일 다른 곳으로 출근하는 사람이
되었습니다.

여러분은
어떻게 기억되고 싶으신가요?

나도 몰랐던 내가 국어사전에 있습니다.
내 인생의 한 줄 요약,
묘비문을 생각해보는 시간입니다.

Episode   IV

변덕스럽게
한 우물을 파는 사람

"20년 동안 한 우물만 파면서 이 길이 맞나 고민해본 적은 없으세요?"

한 인터뷰에서 이런 질문을 받고 흠칫 놀랐다. 내가 한 우물을 파고 있는지 몰랐기 때문이다. 광고회사를 20년 다녔으니 사람들 눈에는 그렇게 보일 수 있다. 고등학생 때부터 카피라이터를 꿈꿨고, 대학에서는 광고홍보학을 전공하고 광고동아리를 하다가 광고회사에 취직했으니까 맙소사, 나 진짜 한 우물만 팠네? 충격적이다. 나처럼 끈기가 없는 사람이 한 우물을 파다니.

"이 길이 맞나 고민해본 적은 없고요. 이 길이 맞는데 놀고도 싶다, 이 길이 맞는데 짜증도 난다, 이런 적은 너무 많죠." 질문에는 이렇게 답했다. 솔직한 마음이었는데 맙소사, 심지어 이 길이 맞나 의심한 적도 없어? 지독하게 한 우물이다.

서울의 옛 정취를 아직 느낄 수 있는 북촌에는 조선 시대 우물이 하나 남아 있다. 물맛이 좋기로 유명했다는 이 우물의 이름은 '석정보름우물'. 신기하게도 보름 동안은 맑고 나머지 보름 동안은 흐려졌기 때문에 붙여진 이름이다. 우물도 변덕스러울 수 있다니 우물에게서 자매애가 느껴진다. 내가 판 것이 한 우물이라면 그건 석정보름우물이 아니었을까. 다만 15일을 주기로 이랬다저랬다 했던 석정보름우물과 달리 나는 12시간을 주기로 이랬다저랬다 했다.

해가 뜨고 질 때까지, 때론 해가 지고 난 후에도 회사에서 일을 했다. 아이디어를 내고 회의를 하고, 기획서를 쓰고, 회의를 하고, 광고주를 만나 프레젠테이션을 하고 또 회의를 했다. 기록되지 않을 일도 많이 했다. 회식 소멸의 시대, 모든 사라지는 것을 사랑하고 싶어 자발적 회식도 자주 했다.

퇴근 후에는 무언가를 배우거나 글을 쓰거나 강의를 했

다. 꾸준히 글을 쓰자 글을 의뢰하는 매체들이 나타났고, 꾸준히 강의를 하자 그 내용으로 책을 쓰게 되었다. 책을 출간하자 북토크와 강연 제안이 들어왔다. 물 흐르듯 자연스러운 일인 양 말하지만 10년의 희로애락을 요약하니 이렇게 간단하다. 한 우물에서 이랬다저랬다 했더니 일어난 신기한 일이었다.

퇴근하고 또는 연차를 내고 서울 곳곳을, 서울을 벗어나 인천, 원주, 부산, 제주에 갔다. 노트북이 든 가방을 메고 지하철을 타고, 기차를 타고, 내 차를 타고, 비행기를 타고, 렌터카를 타고 한 번도 안 가본 장소에 갔다. 메일이나 전화로만 대화를 주고받던 담당자분과 드디어 대면했다. 어떤 날에는 프로다운 안내를 받고 어떤 날에는 놀랄 만큼의 환대도 받았다.

강연장에 들어서면 가방에서 노트북을 척척 꺼내 펼치고 스크린과 연결한다. 긴장되는 순간이다. 머리를 쥐어 짜서 준비한 강의록이 띄워지면 이제부터는 진짜 나만 잘하면 된다. 화장실에 가서 머리랑 얼굴을 살펴보고 다시 노트북 앞으로 걸어와 마이크가 있으면 마이크를, 음료수가 있으면 음료수병을 만지작거려본다. 남은 몇 분 동안 할 일은 단 하나, 쫄지 않기다.

광고회사에서 하는 일과 강의는 큰 틀에서 같았다. 남과 다른 시선으로 생각하고, 그 생각을 글로 쉽게 정리하고, 사람들 앞에서 지루하지 않게 이야기하는 일. 오래도록 훈련받았고, 좋아하는 일이다. 하지만 강의에 다른 점이 있다면 뒤끝이 없다는 것이었다.

회사 생활의 핵심은 뒤끝에 있다. 일이 잘되거나 잘 안 되거나 관계없이 수정은 따라온다. 실무 회의에서 설득을 잘했으면 그다음은 임원 회의다. 주고받는 피드백 뒤로는 오해와 감정이 남는다. 인간관계라는 엉킨 실타래를 푸느라 끝내 잠이 오지 않는다. 이게 다 뒤끝이다.

하지만 강의는 달랐다. 처음 보는 사람들에게 좋은 첫인상을 남겨야 한다는 압박감은 대단했지만 뒤끝은 없었다. 이미 해버린 강의는 수정할 수 없다. 강의 후기를 읽는다고 오해가 생기지도 않았다. 나는 인간관계를 돈독하게 하러 그곳에 간 것이 아니고, 청중들도 내가 아니라 강의 내용이 궁금할 뿐이다. 그래서 강의록의 첫 장은 늘 같았다. [오늘 무언가를 꼭 얻어 가실 거예요.] "자기소개보다 이게 더 중요하니까 이 말을 앞에 드립니다. 오늘 무언가를 꼭 얻어 가시도록 고심해서 준비해왔어요."

물론 담당자와 소통을 잘해야 청중에게 더 도움되는 강의를 할 수 있고, 좋은 후기를 받아야 다음 기회로 이어질 수 있다. 하지만 이 소통은 회사 생활에 비하면 봄바람처럼 산뜻했다. 강의를 마치고 노트북을 다시 척척 접어 넣고 배낭을 메고 강의실을 훌쩍 떠날 때마다 이 직업과 내가 잘 맞는다는 것을 온몸으로 느낄 수 있었다. 강의노동자가 되어보기로 했다.

퇴사 날짜를 받아놓은 어느 날, 한겨레 교육문화센터의 김 팀장님이 미팅 제안을 하셨다. 《컨셉 라이팅》을 재미있게 읽으셨다며, 타깃을 좁혀 출판인들을 위한 수업을 기획해보자고 하셨다. 다양한 회사에서 워크숍을 하면서 알게 된 것은 직군이 비슷한 사람들이 모일수록 워크숍의 질이 높아진다는 것이었다. 게다가 출판인들이라니! 책 주변에서 서성거려본 사람이라면 누구나 출판인에 대한 존경과 애정이 있을 것이다. 나라고 예외가 아니었다.

팀장님에게 제 책을 발견해주셔서 정말 감사하고 굉장히 하고 싶은데, 직군을 한정 지으면 신청자가 별로 없지 않을까 걱정이라고 솔직하게 말했다. 쉽지 않은 일이지만 시간을 여유 있게 두고 강의 홍보 자료를 꼼꼼히 만들어서 잘 준비해보고 싶다는 답이 돌아왔다. 정석으로 일을 하는 분이구나. 퇴사하기 전에 하고 싶었던 일을 의뢰받아 기쁜 것만큼, 회사 밖에서도 믿음직한 파트너와 협업할 수 있다는 생각이 들어 설렜다.

강의를 준비하는 일에는 상상력이 중요하다. 이런 질문을 하면 어떤 답이 올까. 실습 참여도를 높이려면 어떤 예시를 드는 게 좋을까. 내가 강의록을 놓고 '잘될까', '이게 최선인가', '힘이 너무 들어갔나' 하는 세 가지 마음 사이를 분주히 오갈 때, 팀장님은 출판인만으로 수강생을 꾸리겠다는 야심 찬 기획을 성공시키기 위해 진땀을 흘리셨다. 나는 못 할 일을 팀장님은 해내셨고, 예비 편집자부터 22년 차 편집자까지 오롯이 출판인들을 위한 '컨셉 라이팅' 수업이 열렸다.

강의 첫날, 긴장된 마음으로 낯선 장소에 도착했더니 팀장님이 선물을 건네주셨다. "좀 유치할 수 있는데요. 글을 뾰족하게 쓰라는 의미로 연필이랑 연필깎이예요." 수강생분들 몫에 내 것까지 넉넉하게 있었다. 유치하다니요. 뾰족했던 마음이 단번에 녹는다. 화요일과 금요일, 신촌 어느 고즈넉한 빌딩의 701호로 출근하게 되었다.

두 번째 강의 제안은 퇴사 후 여행 중에 받게 되었다. 한

국보다 6시간이 느린 나라에서 자고 일어났더니 장문의 카톡이 와 있었다. 여러 번 함께 일했고 할 때마다 감탄했던 회사 후배였다. 자신의 모교 교수님이 카피라이팅 강사를 추천해달라는 말에 내가 제일 먼저 생각나 연락을 한다며, 강의 개요까지 야무지게도 적어 보냈다. 대학교라 강의비는 많지 않을 거라는 염려의 말도 잊지 않았다.

비즈니스 의뢰의 정석 같은 문자를 두 손으로 쥐고 어리둥절했다. 내가 대학 강의를 해도 되나? 일주일에 3시간, 15주 강의를 채울 수 있을까? 무엇보다 Z세대를 감당할 수 있을까? 하지만 지금의 나는 누구인가. 회사에서 배운 대로 살아가기로 마음먹고 회사를 뛰쳐나온 사람. 회사에서 배운 대로라면, '하면 된다'가 아니라 '하다 보면 된다'. 첫입이 뜨겁지 후후 불며 먹다 보면 어느새 바닥이 보이는 누룽지처럼, 일은 하다 보면 하게 되어 있다. 후배에게 나를 떠올려 줘서 고맙다고, 꼭 지원해보겠다고 답문을 보냈다. 뒷일은 까마득히 모른 채.

대학교는 배우러 들어갈 때도 그러더니 가르치러 들어갈 때도 요구사항이 많았다. 제출해야 하는 수많은 서류 중에는 졸업증명서와 성적증명서도 있었는데, 근 20년 만에 들어간 모교 홈페이지 비번이 생각날 리 없었다. 10회의 오류

끝에 로그인이 잠겼다. 현대인에게 비일비재하게 일어나는 일이다. 비번 초기화를 시키면 비교적 간단히 해결될 일인데, 이를 위해서는 휴대폰 문자로 본인 인증을 받아야 한다.

여행 전 휴대폰을 일시 정지할 때 통신사가 던진 마지막 질문은 이것이었다. "문자 착신도 정지하겠습니까?" 이 질문의 의미가 "대한민국 국민인 것을 포기하겠습니까?"인 줄 그때의 내가 알았더라면 얼마나 좋았을까. 본인 인증 앱을 깔아서 본인 인증을 하기 위해서는 문자로 본인 인증을 받아야 한다. 금융인증서로 본인 인증을 받으려면 역시 문자로 본인 인증을 해야 한다. 공인인증서도 마찬가지이며, 심지어 휴대폰 정지 해제를 위해서도 휴대폰 문자로 본인 인증을 해야 한다. 끝이 아니다. 해외에 있다는 것을 인증 받으려면 역시나 문자로 본인 인증을 해야 한다. 제발 그만해… 나 몰라? 20년간 성실 납세한 너희 나라 국민….

이역만리 타지, 좀 더 구체적으로 말하면 동아프리카에 위치한 작고 강한 나라 르완다에서 사흘 동안 본인 인증 불지옥의 탈출구를 찾아 헤맸다. 본인 인증 때문에 귀국하는 사람이 있을까. 너무나 다음 페이지로 넘어가고 싶은 모교 홈페이지를 하염없이 바라보다가 저 아래 구석에서 'service'로 시작하는 이메일 주소를 발견했다. 그 메일함에는 대략 20만 통의 읽지 않은 메일이 쌓여 있을 것만 같았지만, 편지 담은 유리병을 인도양에 띄우는 심정으로 구구절절 메일을 보냈다. 놀랍게도 1분 만에 답장이 왔다. 12개의 질문에 정답을 말하면 비번을 초기화시켜준다는 스핑크스의 수수께끼 같은 메일이었다. 재학 당시 집 주소와 지도교수 이름, 학교 도메인의 이메일 주소를 묻는 질문 앞에서 다시 한 번 슬픔의 파도가 덮쳐왔지만 르완다의 수도 키갈리의 어느 작은 숙소, 작은 책상 앞에 앉아 마음을 다잡았다. 답은 내 머릿속에 있어. 정신 차리고 나를 인증해내자. 신이 주신 마지막 기회를 잡아!

빠른 답장 정말 감사합니다. 다만 졸업한 지 오래되어 이메일 주소가 생각나지 않아 당시에 쓰던 아이디 3개를 모두 적었습니다. 번거롭게 해드려서 매우 죄송합니다. 확인 부탁드려요. 좋은 하루 보내세요. 졸업생 노윤주 드림.

보내기를 누르기가 무섭게 답장이 왔다.

비번 초기화해드립니다.

마침내 피라미드의 문을 열었다. 그 기세를 몰아 강사 심사에도 통과했다. 이렇게 어려운 일도 해냈는데 강의 준비를 못 하는 게 말이 되나 생각하며 15주 커리큘럼을 만들었다. 가보자. 요즘 세대의 대학생들에게. 수요일에는 공릉동 모 대학의 402호 강의실로 출근하게 되었다.

세 번째 강의는 혼자서 기획, 홍보, 운영을 전부 해보기로 했다. 처음 해보는 시도니까 가장 자신 있는 《컨셉 라이팅》 콘텐츠로 하되, 기존의 강의와는 다르게 오프라인이 아닌 온라인에서 해보기로 했다. 온라인 강의를 들어본 지인들에게 온라인이라 답답한 점은 없었는지 물었더니, 글쓰기처럼 실습이 많은 강의는 줌 채팅 기능 덕분에 오히려 공유와 피드백이 더 원활했다고 의견을 줬다. 내 생각도 그랬다. 그리고 무엇보다 수강생들은 지역적 한계를 벗어날 수 있다. 온라인 강의를 잘 해내서 정착시킨다면 나의 지역적 한계도 넓어질 거라는 기대도 생겼다.

가격 책정과 홍보 방법을 참고하기 위해 온라인 강의를 운영하는 분들의 프로그램들을 찾아봤다. 운영자의 인지도와 수강생들의 리뷰가 중요한 홍보 수단이었다. 나는 둘 다 없으니, 강의 소개를 열심히 써보기로 한다. 때마침 '캔바

Canva'라는 앱(디자인 툴을 다루지 못하는 사람에게 매우 유용한 디자인 플랫폼)을 알게 되어, 원하는 디자인을 골라 요리조리 만지면서 광고 메시지, 강의 소개, 내 소개, 신청 방법을 썼다 고쳤다 썼다 고쳤다 43번 정도 했다. 자다가도 생각나는 게 있으면 일어나서 고쳤다. 홍보 기간은 4주로 잡았다. 이 모든 것을 누군가의 컨펌이나 조율 없이 내 마음대로 한다는 것이 낯설고 짜릿했다. 마지막으로 네이버 폼으로 신청 양식을 만들고 인스타그램과 블로그에 업로드했다. 떨려 죽겠네.

3분이 채 지나지 않았는데 한 분이 신청을 했다. 이럴 수가! 대박 나는 건가? 휴대폰을 쥐고 잤다. 아무 알림도 오지 않았다. 이틀 뒤 한 분이 더 신청했다. 떨려! 3일째 또 한 분이 신청했다. 이것이 도파민이구나. 내가 지금껏 도파민이라 생각한 것은 가짜였어. 하지만 이후 긴 수면에 들어간다.

일주일째 되는 날, 광고 메시지를 바꿔 홍보 글을 다시 올렸다. 조회수는 저번보다 늘었지만 신청자는 없었다. 조바심이 났다. 인스타그램 팔로워 2천여 명과 블로그 2천여 명(교집합 다수 예상)을 기반으로만 모집하는 데에는 확실히 한계가 있어 보였다. 홍보를 더 해야 된다는 압박감이 심해지는 동시에 별다른 홍보를 안 했는데도 신청을 해주신 분들이 몹시 감사했다.

잠재고객도 중요하지만 확보한 고객은 정말 소중하다. 세 번째 '저의 소중한 〈온라인 컨셉 라이팅 워크숍〉 1기 여러분께'라는 제목의 메일을 썼다. 소규모로 (예상) 운영되는 만큼 한 분 한 분께 맞춤형 강의를 해보고자 하니, 실무에서의 고민과 관심 있는 브랜드들에 대해 알려주시면 강의에 적극 반영하겠다는 내용이었다. 정성스러운 답변들이 왔다. 마음이 좀 편안해졌다.

일주일 동안 신청자가 없었다. 문득 '오호츠크 리포트'라는 글로벌 소식 뉴스레터를 발행 중인 친구가 생각났다. 시작한 지 몇 달 되지 않아 아직 광고를 해본 적이 없는 순수한 레터였다. 타깃층도 어느 정도 맞는 것 같았다. 광고 게재 제안을 했더니 바로 해보자는 답이 왔다. 비용을 책정하고 합의를 보았다. 광고주, 이렇게 되는 거구나. 내가 배너 광고를 직접 만들 생각이었는데 오호츠크 리포트의 파트너 디자이너분이 내 디자인 시안을 보더니 못볼 꼴이었는지 배너 광고도 만들어주셨다.

3일간 수정과 컨펌을 오간 뒤 나의 첫 광고를 게재했다. 이제는 매체사 대표와 광고주가 된 친구와 나는 도달률과 클릭률을 체크하며 신청자를 기다렸다. 3일째 아침, 드디어

한 분! 그리고 같은 날 밤, 한 분이 더 신청을 했다. 와. 쇼핑몰 운영하시는 분들 심장 괜찮으신지?

나의 첫 번째 〈온라인 컨셉 라이팅 워크숍〉은 수강생 5명으로 마감했다. 2기 운영을 위해 한 달간의 홍보에서 배운 것들, 고치고 싶은 것들, 더 해보고 싶은 것들을 마음에 새겼다. 파트너사 관리 차원에서 매체사와 회식도 했다. 내 손으로 낳은 첫 수강생들을 위한 내용으로 강의안을 꼼꼼하게 채웠다. 월요일에는 내 집 거실로 출근을 하게 되었다.

네 번째 강의는 양꼬치집에서 성사되었다. 수년 동안 〈인생 첫 카피〉라는 이름으로 카피라이팅 강의를 했던 직장인 커뮤니티 HFK의 매니저 슬기 님이 다음 시즌에도 강의를 할 수 있느냐고 연락해왔다. 사실은 새로운 강의를 열고 싶은데, 자세한 이야기는 만나서 하자고 답했다. 북창동에서 HFK 대표인 재윤 님과 매니저 슬기 님을 만났다.

"어떤 걸 하고 싶냐면요. 제목부터 말씀드릴게요. 〈인생 첫 카피〉가 아니라 〈인생 끝 카피〉예요."

웃으면서 카피라이팅 마스터 과정이냐 묻는 두 사람에게, 그게 아니고, 죽음에 관한 글쓰기 워크숍이라고 말했다. "네?"라고 되묻는 두 얼굴을 앞에 두고 이야기를 이어갔다.

죽음을 생각해볼 이유도 여유도 없는 바쁜 직장인들과 죽음을 들여다보는 글쓰기를 하는 건데 지금은 구체적이지 않지만 분명히 참여자분들의 인생에 도움이 될 것이며, 주제가 주제인 만큼 무겁게 느껴질 수 있지만 유쾌하게 진행할 자신이 있는데 어떠시냐 떠보았다.

지금 생각해보면 의욕만 가득 차 있는 뜬금없는 제안이었다. 횡설수설을 마치고 숨죽이고 있는데 가위로 양고기를 잘게 잘라 오물오물 씹던 슬기 님이 멤버들도 재미있어 할 거 같다고 말했다. 양꼬치를 돌돌 돌리던 재윤 님도 해보자고 말한다. 오히려 내가 먹던 양꼬치를 내려놓고 물었다.

"진짜요? 진짜 해도 돼요?"

눈치채셨겠지만, 이 책은 〈인생 끝 카페〉에서 시작되었다. 나는 지난 몇 년 동안 죽음이라는 주제를 이야기해보고 싶었다. 하지만 스스로 당위성을 찾지 못했다. 나는 의사도 장의사도 철학자도 아니니까. 그래도 해보고 싶었다. 카피라이터, 광고기획자, 작가라는 정체성으로 이 주제를 잘 그리고 나답게 말할 수 있는 콘텐츠를 만들고 싶었다. 생각을 깊게 하고 공부를 많이 해야 했다. 그래서 이 일만큼은 퇴사 후로 미뤄두었다. 나도 무엇이 될지 모르는 불안한 시도이니 나에게 호의가 있는 커뮤니티에서 하고 싶었다. 이제는 자리를 잡아 홍보가 필요 없는 프로그램(〈인생 첫 카피〉)을 놔두고 엉뚱한 것을 해보겠다는 시도를 흔쾌히 받아준 두 사람에게 고마웠다.

양꼬치집 이후 반년 동안 고민하며 워크숍을 준비했다. 죽음에 관한 책을 너무 많이 읽어서 이제는 그만 읽고 싶어졌을 무렵, 내가 말하고 싶은 것이 죽음이 아니라 인생이라는 것을 알게 되었다. 나는 오래도록 내가 하고 싶었던 이야기를 안고 목요일에는 정동의 아름다운 건물 501호로 출근했다.

월, 화, 수, 목, 금. 일주일이 강의로 빼곡하게 채워졌다. 매일 다른 곳으로 출근하는 사람이 되었다. 내가 지금 파고 있는 우물은 어떤 우물일까. 24시간을 주기로 변덕을 부리는 우물. 매일 다른 사람들이 찾아오는 우물. 방방곡곡으로 움직이는 우물. 이번에는 이 우물을 한번 파보기로 한다.

Ending Writing　　　　　　　　　　　　　　　　IV

묘비문 쓰기
with 국어사전에서 장점과 단점 찾기

❦

드디어 네 번째 시간입니다. 책을 펼쳐서 반 이상 읽는 건 쉽지 않은 일입니다. 여러분이 그 어려운 걸 해내셨네요. 하루에 이 책을 다 읽는 분이 계실까요? 글쓰기를 한 번에 많이 해서 힘들어하고 계실지도 모르겠네요. 잠시 덮으셨다가 내일 또는 시간이 날 때 다시 펼치셔도 좋습니다.

저희 할아버지는 제가 태어나기 한 달 전, 어린이날에 돌아가셨어요. 산소는 용인에 있는데, 기억이 나지 않는 어린 시절부터 어린이날 근처 주말에는 친척들과 할아버지 산소에 갔습니다. 할머니와 큰아버지네, 우리, 큰고모네, 둘째 고모네, 막내 고모네 가족까지 다 합치면 어린이만 여덟아홉 명쯤 되었어요. 또래 사촌들과 장난을 치며 시끄럽다고 혼도 나면서 산에 오르면, 어른들이 일사불란하게 묘지 앞에 꽃을 꽂고 잡초를 뽑고 간단히 상을 차리셨죠. 큰아버지부터 순서대로 절을 드리고 할머니 묘소로 비워둔 옆자리에 돗자리를 깔고 둘러앉아 그 땅이 기울지는 않았는지 물이 차지는 않는지 이런 말들을 할머니가 보시는 앞에서 아무렇지도 않게 주고받았습니다. 가만히 듣고 계시던 할머니도 자신의 묫자리를 발에 힘을 주어 꾹꾹 밟아보셨던 기억이 납니다.

한 시간 정도 있다가 자리를 털고 일어나 주변에 막걸리를 뿌리면 산소 방문은 끝. 아직도 해는 중천. 다음 일정은 무엇이었을까요? 이 단어들로 유추해보실래요? 어린이날, 용인, 유아 동반 가족. 네, 정답은 에버랜드입니다. 당시 에버랜드의 이름은 '자연농원'이었는데, 이름은 달라도 어린이의 심장을 흥분시킨다는 점은 똑같았습니다. 그래서 산소 가는 날은 제가 제일 좋아하는 날이었습니다. 할아버지는 한 번도 뵙지 못했지만 매년 어린이날마다 저에게 놀이동산을 선물해주는 사람이 되었답니다. 죽음과 삶, 추억을 나누는 것과 새로운 추억을 만드는 일이 이렇게나 맞닿아 있는 특별한 경험은 할머니가 돌아가시면서 끝이 났습니다. 할머니를 할아버지 옆 못자리가 아닌 납골당으로 모시면서 할아버지의 산소도 이장을 해 또 하나의 추억으로 남게 되었죠.

어렸을 때의 경험 때문인지 저는 묘지 가는 것을 좋아하는 어른으로 컸습니다. 선릉과 서오릉처럼 왕가의 묘지를 보는 것도 좋지만 평범한 묘지에 가는 것도 좋아합니다. 언젠가 미국으로 여행을 갔을 때 작은 시골 마을에 며칠 묵었던 적이 있어요. 시차적응에 실패해서 새벽에 일어나 동네 산책을 나갔는데요. 조금 걸어가자 묘지공원이 나오더라고요. 푸릇푸릇한 잔디 사이사이로 크고 작은 묘소들이 있고 언덕 위로는 커다란 나무가 있었어요. 산책하며 한 바퀴 도는데 우리나라 묘소와는 다르게 봉분 대신 다양한 모양의 묘비석들이 보이더라고요.

묘비석에는 이름과 출생 및 사망 날짜 외에도 짧은 문구가 새겨져 있었어요. 생전에 이룬 업적이 적혀 있기도 했고, 고인이 가족들에게 어떤 사람이었는지를 써놓은 애틋한 말이 쓰여 있기도 했어요. 짧은 문장인데도 읽다 보면 어떤 사람이었을지 상상이 되고, 그 문장을 새긴 서체만으로도 그 사람의 분위기가 그려지더라고요. 아주 전망이 좋은 도서관에 와 있는 기분이었습니다. 이분들은 자신의 묘비문이 K-POP과 김치의 나라에서 온 여행객에게 읽힐 거라 생각했을까요. 아마도 아니겠지요. 할머니처럼 저는 미리 제 못자리를 밟아볼 수도, 이들처럼 커다란 묘비석을 세울 수도 없겠지만 묘비문은 가지고 싶어졌어요. 그래서 이 네 번째 시간을 만들었습니다.

본격적으로 묘비문을 쓰기 전에, 혹시 국어사전이 있으신가요? 요즘 세상에 국어사전을 갖고 계시는 분이 있다면 일단 존경합니다. 자녀들이 보는 어린이용 국어사전도 좋고, 부모님 댁이나 할머니 댁 책장에 꽂혀 있는 오래된 것도 괜찮아요. 또는 한영사전, 한불사전, 한러사전, 한독사전 등의 외국어 사전은 물론이고 외국어에 능숙한 분이라면 영한사전, 영영사전, 불한사전, 러한사전 등등도 괜찮습니다. 귀찮더라도 잠시 자리에서 일어나 가져와보세요. 이번 시간에는 사전을 이용해서 묘비문을 써볼 거예요. 아무 사전도 없으시다고요? 괜찮습니다. 우리에겐 ChatGPT도 있으니까요.

> **나의 묘비문 쓰기**
>
> 1개의 자음 고르기
> ↓
> 국어사전에서 그 자음에 해당하는 부분만 훑어보기
> ↓
> 나의 장점을 표현하는 단어 3개 고르기
> ↓
> 나의 단점을 표현하는 단어 3개 고르기
> ↓
> 단어 6개 중 3개 이상을 넣어서 나의 묘비문 쓰기

먼저 자음 하나를 생각해보세요. 머릿속에 스쳐 지나가는 바로 그 자음이어도 되고, 내 이름에 들어 있는 자음 중 하나여도 좋습니다. 자음을 떠올렸다면 사전에서 그 자음 부분을 펼치세요. 영한사전이나 영영사전을 갖고 계시다면 해당 자음과 같은 음을 가진 알파벳을 펼치시면 됩니다. 예를 들어 선택한 자음이 '미음'이라면 'M'을 펼치세요. 사전이 없다면 반려 ChatGPT에게 미음으로 시작하는 단어를 100개 정도 알려달라고 하는 방법도 있습니다. 규칙은 단 하나, 1개의 자음만 고르는 것입니다.

자, 이제 그 자음 부분을 훑어보면서 단어를 찾으세요. 찾아야 할 단어는 총 6개로, 나의 장점을 표현하는 단어 3개, 나의 단점을 표현하는 단어 3개입니다. 사전도 ChatGPT도 없다면 머릿속에서 단어를 최대한 가져와서 써보세요.

예를 들어볼게요.

▶ **내가 고른 자음:** ㅁ
▶ **나의 장점 단어 3개:** 매력, 말없이, 마무리
▶ **나의 단점 단어 3개:** 맞서기, 무뚝뚝, 망각

이분은 미음을 고르셨어요. 그리고 자신의 장점으로 나름 매력 있고, 말없이 과묵하고, 마무리를 잘한다고 하셨어요. 매력적이네요. 단점으로는 잘 맞서고 말투가 무뚝뚝하며 기억력이 좋지 않다고 하셨어요. 말이 없는데 잘 맞선다니 이분 앞에서 저는 까불고 싶지가 않네요.

또 다른 분이 찾으신 것을 볼까요?

▶ **내가 고른 자음:** ㅅ
▶ **나의 장점 단어 3개:** 솔직, 섬세, 사랑
▶ **나의 단점 단어 3개:** 선택장애, 소심, 수동적

장점이 사랑이라고요? 맙소사. 너무 아름답네요. 소심하고 수동적인 점을 단점으로 고르신 것을 보니 정말 솔직한 분이 맞아요.

> ▶ **내가 고른 자음:** ㄱ
> ▶ **나의 장점 단어 3개:** 결단력, 근성, 강단
> ▶ **나의 단점 단어 3개:** 고립, 고집, 기회상실

기업가신가요, 정치인이신가요? 회사라면 최소 C레벨 이상의 임원이실 것만 같습니다. 강단과 고집은 한 끗 차이, 그래서 가끔 기회를 잃어버리시나 봐요.

> ▶ **내가 고른 자음:** ㄴ
> ▶ **나의 장점 단어 3개:** 농담, 놀다, 낭만
> ▶ **나의 단점 단어 3개:** 낮잠, 노래, 눈치

잘 놀고 농담 좋아하고 낭만 좋아하는데, 낮잠을 안 자고 노래를 못하고 눈치가 좀 없는 사람. 이 사람 어떠세요? 친구하고 싶으세요? 좀 별로인가요? 저예요.

지금부터는 여러분의 장단점 단어를 찾아서 써주세요. 면접이 아니니까 '저의 집요함은 단점이자 장점입니다'처럼 단점과 장점이 겹치게 찾지는 말아주세요.

▶ **내가 고른 자음:** _____
▶ **나의 장점 단어 3개:** _____
▶ **나의 단점 단어 3개:** _____

다 찾으셨나요? 솔직하게 찾으신 거 맞죠? 그럼 이제 이 단어들로 묘비문을 써보기로 해요. 단어 중 3개 이상을 넣어서 첫 번째 시간에 해본 것처럼 문장을 만드는 거예요.

물론 예시를 가져왔습니다. 미음을 고르신 분은 묘비문을 어떻게 쓰셨을까요?

▶ **내가 고른 자음:** ㅁ
▶ **나의 장점 단어 3개:** 매력, 말없이, 마무리
▶ **나의 단점 단어 3개:** 맞서기, 무뚝뚝, 망각

↓

▼ **묘비문:**
무뚝뚝했고, 맞섰고, 자주 망각했다.

그럼에도 매력은 있었다.

나답게 말없이 간다.

  단어의 느낌이 그대로 묘비문에 담겼네요. 무려 5개의 단어를 활용하셨는데, 이렇게 담백한 문장이 나왔어요. 무뚝뚝하고 맞서고 망각하는 분이지만 있는 그대로 타협하지 않고 매력을 만들어내는 사람, 죽음도 살아온 인생처럼 맞이하는 사람. 멋있습니다.

  그럼 시옷을 고르신 분의 묘비문도 볼까요?

▶ **내가 고른 자음:** ㅅ

▶ **나의 장점 단어 3개:** 솔직, 섬세, 사랑

▶ **나의 단점 단어 3개:** 선택장애, 소심, 수동적

↓

▼ **묘비문:**

소심하지만 적어도 사랑 앞에서는 솔직했다.

세상을 섬세하게 사랑했던 사람으로 기억해주세요.

  맙소사. 장점이 사랑인 분은 다르네요. 세상을 섬세하게 사랑했던 사람이라니! 그건 어떻게 사랑하는 건가요. 기억

하고 싶어서 그래요. 너무 멋진 묘비문들이 많이 나와서 다음도 기대가 되네요.

▶ **내가 고른 자음:** ㄱ
▶ **나의 장점 단어 3개:** 결단력, 근성, 강단
▶ **나의 단점 단어 3개:** 고립, 고집, 기회상실
↓
▼ **묘비문:**
결단력인 줄 알았는데 고집이었다.
고집인 줄 알았는데 결단력이었다.
인생은 어려웠다. 하지만 근성 있게 살았다.
죽음은 고립이 아니길.

인생은 매번 알 수 없고 어려웠지만 근성으로 버텼던 강한 사람. 리더분들이 공감할 만한 묘비문이네요.
마지막 묘비문을 보겠습니다.

▶ **내가 고른 자음:** ㄴ
▶ **나의 장점 단어 3개:** 농담, 놀다, 낭만
▶ **나의 단점 단어 3개:** 낮잠, 노래, 눈치

↓

▼ 묘비문:

농담은 전부 진담이었다.

당신에게 낮잠 같은 사람이 되고 싶었다.

한 가지만 부탁할게요.

낭만을 눈치 보지 마세요.

네, 제가 했던 농담 다 진담이었어요. 눈치는 최소한으로 보세요. 저도 그렇게 살게요.

여러분 차례입니다. 마음에 드는 묘비문을 쓸 때까지 쓰고 고치고 쓰고 고쳐보세요.

▶ **내가 고른 자음:** _____

▶ **나의 장점 단어 3개:** _____

▶ **나의 단점 단어 3개:** _____

↓

▼ **묘비문:**

_____

_____

_____

자기 확언이 유행하던 때가 있었죠. 이루고 싶은 꿈을 확언하는 문장으로 만들어 매일 큰소리로 말하면 이루어진다는 것. "《엔딩 라이팅》은 100쇄를 찍었다!" 이렇게 말이에요. 저는 묘비문도 자기 확언이 될 수 있다고 믿습니다. 보다 태도적이고 더 아름다운 확언이죠. 나의 묘비가 언제 어디에 어떻게 세워질지는 모르겠지만 나의 묘비문은 새겨졌습니다. 이 묘비문대로 살아갈 일만 남았네요. 조금 더 써보고 싶다면 가족의 묘비문도 같은 방법으로 남겨보세요. 엄마, 아빠, 남편, 아내, 반려견, 반려묘도 좋습니다.

나의 묘비문

농담은 전부 진담이었다.
당신에게 낮잠 같은 사람이 되고 싶었다.
한 가지만 부탁할게요.
낭만을 눈치 보지 마세요.

장점 단어: 농담, 놀다, 낭만 | **단점 단어:** 낮잠, 노래, 눈치

나의 묘비문

장점 단어: 단점 단어:

5장 | 어떻게 헤어지고 싶으세요?

저는
한잔의 짜이를 만들다가
효율성만 보고 달리던 과거와
헤어지게 됐습니다.

여러분은
무엇과 헤어지고 싶으신가요?

엔딩을 생각하면
인생의 우선순위가 선명해지죠.
장례식을 기획하며
소중한 것들을 재정립하는 시간입니다.

Episode V

한잔의 짜이를 만들 줄 알면
무엇이든 할 수 있다

※※※

스무 살의 한여름, 인도에 도착했더니 매일 매시 매분이 혼돈이었다. 충격을 정통으로 맞으며 40일을 온몸으로 구르고는 다시는 이 땅을 밟지 않겠다 다짐하며 돌아왔다.

그러나 3년 뒤, 인간은 망각의 동물임을 몸소 증명하듯 제 발로 다시 인도에 갔다. 달라졌을 거라 기대한 건 아니었지만, 놀라울 정도로 그대로였다. 단 하나 바뀐 것이 있다면 '짜이'를 담아주는 컵이었다. 초벌구이 도자기 컵에서 얇디얇은 플라스틱 컵으로 바뀌어 있었다. 예전에는 짜이를 다 마신 사람들이 일회용 도자기 컵을 길바닥에 던져 깨뜨리며 혼돈을 만들었다면, 이제는 짜이 왈라(짜이를 파는 사람)들이 호객을 위해 플라스틱 컵을 손톱으로 요란하게 긁어대며 혼돈을 만들어내고 있었다. 이러나저러나 혼돈의 양은 여전히 최대치로 유지 관리되고 있었다. 다만 내가 달라졌다. 짜이를 좋아하는 사람이 되었다.

두 번째로, 그러니까 스물세 살에 다시 인도로 갔을 때, 나는 콜카타에서 일주일을 머물며 매일 '마더 테레사 하우스'에 갔다. 이곳은 평생 가난한 자들을 위해 봉사하셨던 테레사 수녀님의 정신을 기리며 봉사활동을 하는 비영리단체다. 당시 배낭여행자들에게 마더 테레사 하우스는 어떤 사명감이 있어서 가는 곳이라기보다는 인도에 가면 어쩐지 한 번은 체험해봐야 할 명소 같은 곳이었다. 아침 일찍 마더 테레사 하우스에 가니 전 세계에서 자원봉사를 하러 온 졸린 얼굴의 배낭여행자들이 말 그대로 득실거렸다.

봉사처는 크게 네 곳으로 나뉘었다. 죽어가는 사람들을 위한 칼리 갓, 고아들을 위한 샨티 다남, 폭력으로 몸과 마음을 다친 여성들을 위한 프레미 단, 장애아들을 위한 단다르. 아침에 가서 지원자 명단에 이름을 적으면 네 곳 중 하나에 배정을 받는다. 나는 첫날 칼리 갓에 배정되었다.

죽어가는 사람들을 위한 공간이라고 하면 어쩐지 응급실처럼 긴박하고 소란스러운 분위기일 거라 생각했는데, 커다란 나무 문을 열고 들어간 칼리 갓은 따뜻하고 나른한 공원 같았다. 넓고 트인 공간에 수많은 매트리스가 다소 자유롭게 깔려 있고, 그 위로 나이나 성별에 관계없이 단정하고 마른 몸들이 눕거나 걸터앉아 있었다. 편안해 보였다. 그리고 그들보다 더 편안해 보이는 것이 바로 봉사자들이었다. 그들의 일은 환자들 사이를 느긋하게 걸어 다니며 바닥을 쓸거나 수건으로 환자들의 손발을 닦아주거나, 필요한 것이 있는지 손짓 발짓으로 묻고 갖다주는 게 전부였다. 심지어 그냥 곁에 앉아서 책을 읽는 사람도, 노래를 나지막하게 부르는 사람도 있었다.

쉬러 온 것 같은 봉사자들을 바라보며 나는 봉사가 무엇인지는 잘 모르지만 그것이 무엇이든 이들보다는 더 열심히 해내겠다는 각오를 다졌다. 아주 그냥 화끈하게 도움이 되는 자원봉사자가 될 작정이었다. 부르기만 하면 바로 달려가 팔을 걷어붙일 자세를 취하고 있는데 수녀님이 느리게 다가오시더니 저리로 가서 바나나랑 짜이를 먹으라고 하셨다. 응? 맥이 빠지는 기분이었지만, 그래, 노동 전에는 든든하게 먹어둬야지. 설탕을 잔뜩 넣었는지 진득하니 달콤한 짜이를 마시자 불타던 마음이 조금 진정되었다.

마더 테레사 하우스는 자원봉사자에게 어디로 가야 하는지만 말해줄 뿐, 무슨 일을 해야 하는지는 알려주지 않는다. 다들 눈치껏 움직이길래 나는 대걸레를 들었다. 분위기에 맞춰 최대한 느릿느릿 바닥을 닦았는데도 딱히 닦을 것 없이 깨끗했던 바닥이 30분 만에 더 깨끗해졌다. 뭘 더 하면 될지 고민하며 여기저기를 살피는데, 수녀님이 다가오시더니 마당에 가서 간식을 먹으라고 하신다. 아니, 뭘 했다고 또 먹지?

이번에는 비스킷과 짜이다. 뜨끈한 짜이에 비스킷을 찍어 먹으니 꿀맛인 것이 피로가 싹 풀릴 거 같았는데, 아쉽게도 풀 피로는 없었다. 그런데 주변을 돌아보니 나만 종종거리지 다들 느긋하게 앉아 짜이를 즐기고는 툭툭 털고 일어나 다시 각자의 자리로 돌아갔다.

나른한 파도에 올라타지 못한 나는 결국 주방으로 가서 감자 껍질 까기에 동참했다. 내 옆에서 쪼그리고 앉아 껍질을 까던 서양 여자애는 달리 재주가 없으니 주방에서 일하는 게 마음이 편하다고 말했다. 맞네, 느리게 흐르는 물에 불편하지 않게 올라타는 것은 확실히 재주다.

감자 껍질을 까다 보니 벌써 점심시간이 되었다. 수녀님이 오시더니 집에 가라고 한다. 네? 뭘 했다고 벌써 가요? 자원봉사는 오전반과 오후반으로 나뉘어 있다고 했다. 더 하고 싶다고 해도 시키지 않는다. 봉사자들이 저항 없이 주섬주섬 가방을 챙겨 나와 각자의 게스트하우스로 돌아가 아침에 일찍 일어났다는 핑계로 낮잠을 청했다. 한 게 없어서 잠도 오지 않는다. 이 기분은 도대체 뭐지?

 나는 아마도 봉사를 하면 대단한 성취감을 느낄 거라 기대했던 거 같다. 도움이 필요한 사람들을 땀 흘려 돕고 집에 돌아와서 힘들었지만 보람찬 하루를 보냈다고 자부하며 곤히 잠들고 싶었던 거 같다. 하지만 마더 테레사 하우스 수녀님들은 내가 그런 기분을 느끼려 할 때마다 귀신같이 나타나 싹을 싹둑 잘라버렸다. 돌진하려고 폼을 잡을 때마다 인기척 없이 다가와 다리를 걸어 넘어뜨리고 이불까지 덮어줬다. 지칠 기회를 주지 않았다. 봉사라는 것이 특별한 일이 아니라는 것, 크게 힘들이지 않아도 얼마든지 할 수 있다는 것, 타인을 돕는 일이 일상에 있다는 것을 말없이 그러나 큰 소리로 또박또박 전해주는 것 같았다.
 압력밥솥의 나라에서 온 어리고 뜨거운 내 몸의 김은 매일 조금씩 빠져나갔다. 마지막 날에는 여성들을 위한 프레미 단에 갔는데, 경계심 많은 한 아주머니 옆에 가만히 앉아 있다가 손톱에 매니큐어를 발라주고 그마저도 귀찮다고 고개를 저으면 내 손톱에 분홍색을 칠할 수 있게 되었다. 짜이 시간이 되면 기쁜 마음으로 가서 홀짝일 수 있게 되었다. 짜이를 좋아하게 되었다.

경복궁 근처의 아담한 동네, 서촌에서 꼬박 6년을 살았다. 하나 걸러 카페인 그 동네에서도 카페를 잘 가지 않는 사람이었는데, 유일하게 가던 곳이 '사직동 그 가게'였다. 인도에서 마셨던 것과 거의 똑같은 맛의 짜이를 파는 곳. 몇 번 가다 보며 알게 됐는데 그곳은 단순히 짜이를 파는 찻집이 아니었다. 인도 북부에 있는 아름다운 도시 다람살라에 티베트 망명정부가 있는데, '사직동 그 가게'는 한 한국인과 티베트인이 함께 티베트 난민들을 돕기 위해 운영하는 비영리단체였다. 처음에는 난민 여성들의 자립을 돕기 위해 재봉 기술을 가르쳐주는 일을 시작했고, 이후 그들이 만든 옷과 가방 등을 판매할 곳이 필요해 사직동에 수공예품점을 작게 열었다. 그리고 좀 더 안정적으로 돕기 위해 공간을 넓혀 짜이와 커리를 팔게 되었다고 했다.

어떤 날에는 짜이를 마시러, 어떤 날에는 커리를 먹으러, 어떤 날에는 알록달록한 수공예품을 사러, 어떤 날에는 아득한 향의 티베트 인센스를 사러 갔다. 그러다가 그곳이 자원봉사자들로 운영된다는 사실을 알게 됐다. 언젠가 퇴사하면 이곳에서 일해보고 싶다고 생각했다. 그리고 몇 년 후 그 언젠가가 왔다.

지원서를 써서 메일로 보냈다. 메일을 보냈다는 사실을 거의 잊었을 무렵, 출근을 할 수 있냐는 답장을 받았다. 하지만 그사이 나는 이미 일주일을 강의와 통번역 공부로 빼곡하게 채워놓고 뿌듯함과 동시에 압박감을 느끼는 중이었다. 시간표를 살펴봤더니 목요일 낮 시간이 비어 있었다. 이 자리에 봉사를 넣어도 될까. 시간표가 너무 빡빡한 건 아닐까. 새롭게 시작하는 일이 너무 많은 건 아닐까. 서빙 알바도 안 해봤는데 이 일을 할 수 있을까. 동시다발적으로 터지는 걱정은 사실 이 생각 때문이었다. 프리랜서 첫해, 뭔가를 더 한다면 생산적인 일을 해야 하지 않을까.

지난 20년 동안 압력밥솥 기술이 고화력, 고압 취사로 업그레이드되었다면 나도 가만히 있지는 않았다. 경쟁 사회에서 조금이라도 앞서기 위해 내가 낼 수 있는 각종 생산성을 달마다 해마다 고속으로 갱신하며 자가 변태해왔다. 그러는 동안 노동에 관련한 것이라면 돈을 버는 일 외에는 해본 적이 없었다. 심지어 돈을 쓸 때도 '나를 위한 투자'라는 말로 치환하여 늘 무언가를 '벌고 있다'는 감각을 느껴야만 안심하는 인생이었다. 생산성의 노예인 내가 과연 돈으로 환산할 수 없는 노동, 봉사라는 것을 할 수 있을까. 질문을 다르게 던져본다. 하고 싶은가.

출근 첫날 배낭에 앞치마를 넣었다. 요식업에 종사한다면 개인 소장 앞치마를 두르고 싶다는 로망이 있었기 때문이다. 출근하니 목요지기('사직동 그 가게'에서 목요일에 일하는 자원봉사자를 부르는 말)는 나를 포함해 민지 님, 수미 님 세 명이었고, 주방 매니저 솔 님과 수공예품점 매니저 수진 님이 계셨다. 인사를 나누고 앞치마를 둘렀다. 오픈이 30분밖에 안 남았는데도 아무도 서두르는 기색이 없다. 다들 앞 다투어 앞치마가 잘 어울린다고 칭찬을 해준다. 지금 들어야 할 것은 칭찬보다는 해야 할 업무가 아닌가 싶은 마음이 들기 시작한다. 큰일이다. 나의 내적 종종거림을 눈치챘는지 솔 님이 주방을 정리하다 싱긋 웃으며 속삭이듯 말했다. "우리는 서로를 잘 보고 있다가 그때그때 필요한 거를 소통하면서 일해요. 지금은 빗자루로 바닥을 쓸어주실래요?" 알겠다고 하자 "고맙습니다"라는 말이 역시 속삭이듯 돌아왔다. 각자가 할 일을 정해둔다면 소통 없이도 빠르게 일이 진행될 테지만, 이곳은 효율을 선택하지 않는다.

지난 회사에 일도 잘하고 성격도 좋은, 그러니까 보기 드문 팀장님이 한 분 계셨다. 오랜만에 복도에서 마주쳐서 인사를 했는데, 팀장님은 걸으면서도 무언가에 골몰해 있는지 나를 못 보고 지나쳤다. 얼마 뒤 프로젝트를 함께하게 됐고 저녁을 먹을 기회가 생겨서, 팀장님한테 왜 그때 제 인사를 받지 않으셨냐고 장난으로 따졌더니 팀장님이 매우 미안해하며 말했다. "회사에서는 머릿속에 타임라인밖에 없어서 인사를 가끔 놓쳐요. 일이랑 회의는 너무 많고 팀원들은 정시 퇴근시켜주고 싶고. 그래서 화장실 갈 때도 '다음에는 뭐 해야 되지?' 하는 생각만 하거든요." 남의 하루가 아니다. 우리는 쓴입으로 건배를 했다.

부족한 인력과 자원으로 효율에 효율을 뽑아내기 위해 입에서 단내가 나던 하루가 생각나서 감상에 빠지려던 차, 수진 님이 다가와 능숙하게 다리를 걸어 넘어뜨렸다. 그리고 돌아가는 게 신기할 정도로 오래된 노트북을 들고 왔다. 켜지는 속도마저 이 가게 같다. 수진 님은 아무렇지 않게 한참을 기다리더니 이곳의 역사와 운영 철학 그리고 간단한 규칙들을 설명해줬다. 오리엔테이션을 마치고 잘해보겠다고 말하자, "그냥 편하게 하시면 돼요"라는 말이 돌아왔다. 그리고 일하다 짬이 나면, 아니 짬이 안 나도 힘이 들면 짜이 한잔을 만들어 마당으로 나가 볕을 쬐며 마시라고 했다. 일도 중요하지만 그보다 더 중요한 것은 한잔의 짜이를 차분히 마시는 일이라고 말하며 웃는다. 나, 정말 제대로 찾아왔구나. 짜이와 자원봉사가 만나면 만들어지는 느긋한 바람이 대서양을 건너 사직동에 불고 있었다.

그날부터 매주 목요일에는 빗자루질로 하루를 시작했다. 이어서 마음에 드는 인센스를 골라 곳곳에 꽂기, 밤새 멈춘 벽시계 태엽 감기, 손님에게 허브차와 메뉴판 내어드리기, 주문받고 포스기로 주문서를 출력해서 주방에 가져다주기, 음식 서빙하기, 라씨 소분하기, 3가지 커리 중 스텝밀로 뭘 먹을지 고민하기, 고심 끝에 새우커리 고르기, 설거지하기, 짜이 끓이기, 토마토 씻기, 토마토 갈기, 숟가락과 포크를 겹쳐서 냅킨으로 묶기 등을 하면 어느새 앞치마를 풀 시간이었다. 모든 과정의 사이사이에는 솔 님 말대로 대화가 있었다. "제가 주문 받을게요.", "그럼 제가 테이블 치울게요.", "밥 두 그릇 퍼주시겠어요?", "저는 뭐 할까요?", "두부 커리

재료 좀 부탁드릴게요.", "라씨 제가 만들게요."

고정된 일이 하나도 없는데도 일은 잘만 굴러갔다. 물론 실수도 생긴다. 어떤 날에는 주문이 꼬이고, 어떤 날에는 밥이 설익었다. 바쁜 시간대에 아이스 짜이를 급하게 따르느라 반을 엎어버린다. 그럴 때면 경직된 어깨 너머로 괜찮다는 말이 팝콘처럼 쏟아졌다. 이 정도면 '괜찮다'는 말을 듣기 위해 실수를 하고 싶어질 지경이다. 그럴 때면 또 회사 생각이 났다. 동료나 팀원들이 실수를 해도 괜찮다는 말을 할 수 있는 사람이 되고 싶었는데 그러지 못했던 날들이 불쑥불쑥 떠올랐다가 가라앉았다. "괜찮아요"가 이렇게 부드러운 말이란 사실을 새삼 깨닫는다.

가끔 이국적인 가게의 외양에 이끌려 들어와 커피를 찾는 손님들이 계셨는데 그럴 때마다 솔 님은 커피는 팔지 않는다며, 옆에 있는 커피숍을 안내해줬다. 그러다 어느 날에는 솔 님이 고소한 원두를 잔뜩 싸와서 내밀었다. 지난주에 주책맞은 내 입이 커피가 마시고 싶다고 한 적 있는데, 그 말을 담아둔 것이다. 가게 여기저기서 핸드드립 장비들을 찾아오더니 원두를 분쇄하고 주전자로 물을 조금씩 부어 커피 내리는 법을 알려준다. 일을 시작하기 전 직접 내려 마시는 커피는 고가의 맛이었다.

독특한 공간만큼 지기들의 배경도 독특했다. 제빵사, 예술가, 의사, 영화 관계자, 한복 디자인 전공자 등 누구도 겹치지 않는 이력을 가지고 있었고 무슨 이력을 가졌든 짬이 나면 각자의 일광욕을 하며 이렇게 말했다. "여기 오면 마음이 정말 편안해요." 시간이 돈인 노동인구가 노동의 황금시간대에 네다섯 시간을 빼서 무보수로 일을 하는데 마음이 편안하다는 것. 기적 같은 일인데 얼마 지나지 않아 나도 다른 지기들과 똑같은 말을 하게 되었다. "마음이 정말 편하네요." 호기로운 척 불안하게 살겠다며 새로운 인생에 뛰어들었지만 불안한 인생은 말 그대로 불안한 것이었다. 무엇 하나 불안하지 않을 이유가 없었다. 그런데도 목요일 그곳에서 앞치마를 두르고 오래된 벽시계에 밥을 주고 작은 가게를 동분서주하다가 짜이 한잔을 손에 쥐고 앉으면 그렇게 마음이 편할 수가 없었다.

유튜브에서 한 요리사가 청국장을 맛있게 끓이는 비법은 간장으로 간을 맞추는 거라며, 바글바글 끓는 청국장에 간장을 한 숟갈 넣는 것을 본 적이 있다. 된장보다 더 순하게, 소금보다 더 감칠맛 있게 간을 맞출 수 있고 심지어 청국장의 강한 냄새도 간장이 부드럽게 중화해준다고 덧붙였다.

좋은 청국장도 신김치도 두부도 중요하지만 이 약간의 간장이 청국장의 완성도를 기가 막히게 높여준다고 했다. 간장이라니. 상상하지 못했던 방법이었다. 속는 셈치고 시도해 봤더니 내가 끓인 청국장이라고 믿을 수 없을 정도로 맛있었다.

오후 4시가 되면 앞치마를 풀어 탈탈 털어 다시 배낭에 넣고 일찍 온 오후 지기들과 인사를 나눈 후 퇴근 준비를 했다. 솔 님은 아무리 바빠도, 나오지 말라고 말려도 꼭 따라 나와서 환송을 해줬다. "오늘도 수고 많으셨어요. 다음 주에 또 만나요"라고 인사하며 내가 가는 것을 한동안 지켜보는 솔 님을 향해 몇 번을 뒤돌아 손을 흔들었다. 마음은 편안하고 몸은 가뿐하다. 빡빡하던 일주일에 숨이 돈다. 내 인생의 간장은 이거였구나. 인생에 감칠맛이 돈다.

늦겨울을 지나 초여름까지 그곳에서 네 달을 일했다. 머리를 쓰지만 굴리지는 않았다. 마음을 쓰지만 닳지는 않았다. 몸을 쓰지만 짜이 한잔을 느긋하게 마셨다. 언제 쌓였는지도 모를 마음 어딘가의 눅눅한 구석이 조금씩 바삭하게 말랐다.

'사직동 그 가게'의 주방에는 이런 글이 쓰여 있다. "한잔의 짜이를 만들 줄 알면 무엇이든 할 수 있다." 맛있는 짜이를 만드는 기술은 단 하나, 불 앞에 서서 쉬지 않고 그러나 천천히 저어주는 것이다. 그렇게 한잔의 짜이를 만들 줄 알면 무엇을 할 수 있게 되냐면 동료에게 괜찮다는 말, 편히 쉬라는 말, 수고했다는 말, 고맙다는 말을 할 수 있게 된다. 타인에게 친절해지면 남의 것처럼 어려웠던 내 마음이 내 것이 된다. 무엇이든 할 수 있게 되는 것이다.

Ending Writing　　　　　　　　　　　V

장례식 기획
with 10개의 빈칸 채우기

❦

　어서 오세요. 엔딩 라이팅 다섯 번째 시간입니다. 거의 다 왔네요. 이번 시간에는 장례식을 기획해보려고 해요. 언젠가부터 저는 결혼식보다 장례식에 가는 날이 많아졌어요. 한때는 어색하기만 했던 장례식의 예법인 조화를 한 송이 들어 영정 사진 앞에 두며 명복을 빌고 상주와 인사를 나누는 일이 이제는 좀 익숙해졌습니다.

　여러분도 느끼셨을 수도 있지만 요즘은 장례식 풍경이 서서히 변하고 있어요. 여전히 큰 병원 장례식장 몇 호실에서 치러지지만 시끌벅적하게 떠들며 술을 마시거나 밤새도록 조문객을 받는 문화는 점점 사라지고, 온라인 추모 공간에서 고인에 대한 간략한 소개를 읽고 애도를 표할 수도 있더라고요.

하지만 여전히 가까운 지인이 아니고서야 고인이 생전에 어떻게 사셨는지를 알기는 쉽지 않죠. 아직까지는 지인의 부모님 장례식장에 가는 경우가 많아서, 고인을 처음 뵙는 경우가 대부분이니까요. 그래서 저는 장례식장에 조금 여유 있게 머물게 된다면, 지인을 위로한 후에 고인이 어떤 인생을 사셨는지, 지인에게는 어떤 사람이었는지를 묻곤 합니다. 무슨 일을 하셨고 어떤 성격이셨는지만 들어도 마음이 훨씬 애틋해지거든요. 그리고 상상해봅니다. 제가 죽으면 제 제인들은 장례식장에서 저에 대해 어떤 이야기를 할까요. 저의 장례식은 어떤 모습일까요.

제가 참 좋아하는 장례식 모습이 있는데요. 미국 시트콤 〈모던 패밀리〉에 나온 장면이에요. 할머니가 돌아가신 후 손주 세 명에게 유품이 전해집니다. 첫째 손녀 헤일리에게는 아름다운 목걸이와 함께 "넌 내면이 아름다운 아이란다"라는 메시지가, 막내 손자 루크에게는 남자를 더 멋있게 만들어준다는 회중시계, 그리고 둘째 손녀 알렉스에게는 라이터가 건네져요. 할머니가 알렉스에게 쓴 편지에는 "이건 라이터란다"라는 한 줄이 적혀 있습니다.

평소 할머니와 가장 유대감이 강했다고 믿었던 알렉스는 실망합니다. 그리고 장례식 전날 편지의 접힌 부분을 읽게 돼요. 장례식날 알렉스는 추모객들에게 할 말이 있다며 나와서 단상에 섭니다. 그리고 할머니가 이것을 좋아하실 거라며 라이터로 불을 붙여 불꽃을 시원하게 터뜨려요. 깜깜한 밤하늘, 엄숙한 추모공원에서 열리던 장례식에 알록달록 불꽃이 수놓입니다. 그리고 할머니의 편지가 알렉스의 나레이션으로 전해집니다.

> *"이건 라이터란다. 원래는 내가 정말 좋아하던 배우, 폴 뉴먼의 것이었어. 오래전 내가 일하던 식당에 그가 온 적이 있는데 깜빡하고 이 라이터를 두고 간 거야. 그때 살면서 처음으로 하지 말아야 할 짓을 했지. 그 라이터를 내 주머니에 넣은 거야. 한 손님이 날 봤는데, 비밀을 지켜준다고 걱정 말라고 말했어. 그리고 그 손님은 내 인생의 가장 소중한 사람이 됐단다. 바로 너희 할아버지야. 그러니까 사랑하는 나의 손녀, 나를*

너무 닮아서 걱정되는 알렉스야. 살면서 어쩌다 한 번씩 규칙을 깨는 것을 너무 두려워하지 마. 어떤 기적이 일어날지는 아무도 모르는 거니까."

 복기하는 것만으로도 코끝이 찡해지네요. 규칙을 어기는 것이 가장 어려운 모범생 알렉스는 할머니의 라이터와 함께 어떤 인생을 살게 될까요. 폴 뉴먼이 어떤 배우인지 저는 잘 모르지만 자신이 깜빡한 라이터가 이렇게 쓰였다는 것을 알면 관 속에서도 기뻐했을 거라는 생각이 드네요.

 그럼 우리도 한번 생각해볼까요? 오늘 밤 죽는다고 가정해봅시다. 내가 지금 가진 것 중 3가지를 유품으로 남긴다고 생각해보세요. 부자들처럼 대단한 유산을 남기지는 않더라도 누구나 유품을 남길 수는 있잖아요. 어떤 분은 자신의 인생을 가장 자유롭게 해줬던 자동차를 하나뿐인 조카에게 남기고 싶다고 했고, 어떤 분은 고3 때 매일매일 그날 공부한 것과 힘들었던 점을 쓴 일기장을 아이에게 남기고 싶다고 했습니다. 여러분은 무엇을 누구에게 남기고 싶으신가요? 유품과 함께 알렉스의 할머니처럼 짧은 편지를 써보는 건 어떨까요?

▼ 남기고 싶은 유품 3가지와 편지

유품 하나

무엇을: _____

누구에게: _____

편지: _____

_____

_____

_____

유품 둘

무엇을: _____

누구에게: _____

편지: _____

_____

_____

_____

유품 셋

무엇을: _____

누구에게: _____

편지: _____

_____

다 쓰셨나요? 워크숍이라면 서로의 이야기를 들어보는 시간을 가질 텐데, 여러분의 유품 이야기를 듣지 못하는 것이 아쉽습니다. 여러분이 쓴 유품들이 새로운 주인에게 제대로 전달되려면 이제 소중하게 관리하면서 사용하는 일만 남았네요.

3가지 물건을 선물했습니다. 선물을 한다는 건 참 기분 좋은 일이지요. 하지만 누구에게도 선물하고 싶지 않은 물건, 끝내 내가 간직하고 싶은 특별한 물건이 있어요. 이번에는 나와 함께 갈 물건, 부장품을 생각해봅시다. 관에 넣고 싶은 물건, 함께 태워지고 싶은 물건이라고 생각해보면 좋을 거 같아요.

저희 외할아버지는 클래식 애호가셨어요. 청력이 약해진 후에도 방에서 클래식 CD를 틀고 스피커 볼륨을 높여 안락의자에 앉아 감상하시는 것이 오랜 취미였습니다. 돌아가시기 전, 일 년 정도 병원 생활을 하시느라 고생하셨는데 아마도 음악을 제대로 못 듣는 것이 괴롭지 않으셨을까 생각해봅니다.

장례 첫날, 할아버지와 함께 사셨던 큰외삼촌이 집에 다

녀오시겠다고 말씀하셨어요. 할아버지가 베토벤 CD와 함께 묻어달라는 말을 생전에 하셨는데 CD를 깜빡하고 안 가져오셨다고요. 할아버지는 방에 베토벤 석고 두상을 걸어두실 정도로 베토벤을 사랑하셨기 때문에, 저는 이 유언이 참 할아버지다워서 좋았습니다.

그리고 장례 이틀 차, 가족이 모두 모여 할아버지의 입관을 지켜보는데 장의사가 할아버지 관에 모차르트와 비발디 CD를 넣으시는 거예요. 아니, 베토벤은 어디 있지? 저는 조용히 큰외삼촌 옆으로 다가가서 소리를 죽여 물었습니다. "삼촌, 저건 베토벤 CD가 아닌데요?" 외삼촌이 난감한 표정을 지으며 나지막이 답하셨어요. "아무리 찾아도 베토벤 CD가 안 보여서 모차르트랑 비발디 2개를 가져왔다." 저는 클래식 문외한이지만 속으로 생각했어요. '아, 되게 다를 텐데…'

여러분의 베토벤 CD는 무엇인가요? 있다면 꼭 잘 보이는 곳에 두시기를 바랍니다.

▼ 가져가고 싶은 부장품

무엇을:

이유는:

요즘은 결혼식을 직접 부부의 취향에 따라 특별하게 기획하시는 분들이 많죠. 이처럼 가족 또는 친구들과의 작고 큰 행사 기획을 좋아하시는 분들이라면 아주 즐겁게 해보실 수 있을 것 같아요.

혹시 행사 기획은 생각만 해도 골치가 아프다고 생각하시는 분들이라고 해도 걱정하지 마세요. 조금도 어렵지 않게 누구나 나의 장례식을 기획해볼 수 있습니다. 거기다 한 가지 다행인 것은 사전 장례식이 아닌 이상 장례식은 여러분이 마음대로 기획만 하고 실행은 다른 사람이 한다는 점입니다.

그럼 예시로 일단 배우 박정자 님의 장례식 기획안을 먼저 살펴볼까요?

박정자의 장례식 기획

일시/장소 2025년 5월 24~25일 사전 장례식 /
강릉 카페 '정원아버지', 순포해변

분위기/컨셉 잔치, 유쾌, 웃음 / "당신은 우는 대신 웃어야 한다"

초대 인원 가족, 연극계 동료와 친구 150명
박성자의 '마지막 커튼콜'이라는 부고장 직접 보내 초대

복장 본인의 복장: 연두빛 꽃무늬 드레스 + 빨간 구두
문상객 복장: 자유

음악 소프라노 임선혜 님이 직접 노래를 부름

음식/음료 없음

내용
1. 카페 정원에 문상객들이 모여 앉아 박정자 님에 대한 추억과 고마웠던 것을 하나씩 말함

2. 해변에서 박정자 님이 춤을 추고 앞장서면 그 뒤를 150명의 문상객들이 그가 출연했던 연극 제목이 쓰여진 만장 150개를 들고 따라 행진함

기념품 없음

조의금 조의금 대신 문상객들에게 본인에 관한 '오래된 이야기'와 '가벼운 농담' 준비 부탁

예산 모름

배우 박정자 님께서는 영화를 촬영하다 자신이 죽는 마지막 장면을 찍고 난 후, 자신의 사전 장례식을 치러서 화제가 됐었죠. 그 뉴스를 토대로 박정자 님의 사전 장례식 기획서를 복기해봤어요. 150명의 지인을 초대하여 이틀에 걸쳐 카페 정원과 해변에서 치러진 행사예요. 이 장례식을 마치고 나서 박정자 님은 이렇게 말하셨다고 해요.

"나의 삶을 배웅하는 사람들을 내 눈으로 보게 돼 행복했어요. 헤어지는 장면도 꼭 축제처럼 해보고 싶었는데, 웃으면서 보내주고 떠날 수 있어서 너무 좋았습니다."

간단히 기획서만 봐도 어떤 장례식이었을지 상상이 되시죠? 특히 문상객 중 배우 김호영 님이 했던 말이 기억에 남더라고요. "서른 살에 뒤늦게 군대에 갔는데, 선생님께서 패션 감각 잃으면 안 된다며 매달 남성 패션 잡지 〈GQ〉를 보내주셨어요." 이 말만으로도 박정자 님이 얼마나 근사한 취향과 따뜻한 마음 씀씀이를 가진 분인지 알겠네요.

사전 장례식이 아니어도 괜찮아요. 이어서 40대 남성의 사후 장례식 기획서를 볼게요.

OOO 님의 장례식 기획

일시/장소 어느 일요일 오후 4~6시 / 루프탑 카페 대관

분위기/컨셉 자연 친화적, 유쾌한 분위기 /
"잘 살았으니까 잘 보냅시다"

초대 인원 가족과 가까운 친구, 동료 50명
미리 초대장을 만들어두고
사후 딸이 문자로 전송 예정

복장 본인의 입관 복장: 가장 좋아하는 리넨 셔츠와
면 바지, 스니커즈
문상객 복장: 검정 제외 모든 색의 옷

음악 시작곡: 노라존스 「Don't know why」
마무리곡: 퀸 「Don't stop me now」

음식/음료 얼큰 칼국수와 데낄라 한잔
(평소에 가장 좋아하던 음식과 음료)

내용 1. 딸의 인사말
2. 생전 영상 메시지
"얼큰 칼국수와 데낄라를 먹을 때 나를 기억해줘"
3. 오픈 마이크 추억 나누기(자유 발언 15분)
4. 함께 웃으면 사진 슬라이드
5. 식사 시간

기념품 식사에 사용했던 젓가락
(본인 이름과 출생~사망 날짜 각인 예정)

조의금 조의금 대신 딸에게 위로의 말을 전해달라고 부탁

예산 300만 원 내외

젓가락을 기념품으로 준다는 점이 인상적이에요. 어느 일요일 오후에 친구의 장례식에 가서, 얼큰 칼국수에 데낄라 한잔을 마시고 젓가락을 들고 집에 온다면 저는 한동안 친구를 생각할 거 같아요. 친구가 생각날 때는 친구의 딸에게 안부 문자를 보내볼 거 같기도 하네요.

이제 여러분의 장례식을 기획해보세요. 누구와 어디서 어떻게 헤어지고 싶은지 내 장례식의 모습을 그려보세요. 장례식에 누구를 초대하고 싶은지를 생각하다 보면 현재의 인간관계를 점검해볼 수 있어요. 문상객이 많은 성대한 장례식을 원한다면 두루두루 원만한 관계를 가지며 리더의 자리도 마다하지 않아야겠죠. 그렇게 살고 계신가요? 소수의 지인들이 추모하는 작은 장례식을 원한다면 진짜 소중한 사람들이 누구인지, 누구에게 더 시간과 마음을 써야 하는지 우선순위를 생각해보는 거죠.

복장과 음악, 음식에 대해 생각하다 보면 나의 취향을 점검해볼 수도 있을 거 같아요. 이 옷을 입고 내가 관까지 갈 거라고 생각하면 조금 비싼 옷을 사는 데 용기가 생길 수도 있고, 음악을 들을 때 내 장례식에 튼다면 어떨지 떠올리면 매일 듣던 노래도 가사가 새롭게 들릴 수 있어요. 음식도 마찬가지예요. 다양한 음식을 좋아하지만 단 하나의 음식을 내 장례식에 내놓고 추모객들과 함께 나눈다면 무엇이 좋을까요?

멋을 낼 필요도, 누군가를 흉내 낼 필요도 없어요. 그냥 나라는 사람, 나의 인생을 잘 보여줄 수 있으면 됩니다. 장례식을 기획한다는 것은 오늘까지의 인생과 한번 헤어져보는 거예요. 퇴사를 할 때, 새로운 일을 시작할 때, 가족이 생겼을 때, 관계를 정리할 때처럼 인생의 전환점에 설 때마다 장례식 기획을 해보는 것은 어떨까요? 일기를 쓰는 것보다 더 좋은 인생의 회고가 될 수 있습니다. 이제 여러분의 장례식을 기획해보세요. 그리고 내일부터의 인생과 다시 만나보세요.

나의 장례식 기획

일시/장소

분위기/컨셉

초대 인원

복장

음악

음식/음료

내용

기념품

조의금

예산

6장 | 어떻게 사랑하고 싶으세요?

저는
사지 말아야 할 것을 사고
인생을 더 사랑하게 되었습니다.

여러분은
무엇을 사랑하고 계신가요?

지금까지의 엔딩 라이팅을 종합해
장례식 리허설을 해볼 거예요.
직접 쓴 시나리오를 읽다 보면
내가 얼마나 내 인생을 사랑하고 있는지
알게 될 거랍니다.

Episode VI

단점이 많은 나라를
사랑하게 되었다

⋇⋇⋇

"우간다에 돈을 송금하고 싶은데요."
"우간다요? 혹시 아프리카에 있는 나라인가요?"
"네. 동아프리카에 있어요."
"잠시만요. 한 번도 안 해봐서… 먼저 좀 알아볼게요."
"네. 천천히 하세요."
"할 수는 있네요. 그런데 무슨 목적으로 송금하시나요? 해외 송금은 테러 자금으로 보낸다거나 하는 위험이 있어서 송금 이유를 기입해야 하거든요."
"차를 사려고요. 중고차."

"네? 그럼 차를 사서 한국으로 가져오실 건가요?"

"아니요. 제가 우간다에 가서 타려고요."

이해가 안 간다는 표정으로 은행 창구에 앉아 나를 바라보는 주임님을 보니 내가 하고 있는 일이 얼마나 이상한 일인지 실감이 났다.

1999년식 토요타 Rav4. 파란색. 투 도어. 사륜구동. 주행거리 22만 킬로미터. 340만 원.

내가 운전면허를 딴 게 2005년이니까 나보다 먼저 도로에 나와 세상에 맞선 베테랑 차를, 그것도 우간다에서 사기로 한 것이다. 우간다에서 차를 살 줄은, 아니 한국 이외의 나라에서 차를 소유하게 될 줄은 한번도 상상해본 적이 없다. 구매를 확정하기 전, 왓츠앱으로 받은 사진을 보며 "너무 귀여운데? 진짜 사륜구동 맞아?"라고 묻자, 우간다에서 차량 구매를 대행해준 덱스타는 이렇게 답을 보내왔다.

"응, 이 차는 베이비야. 그런데 세상에서 제일 강한 베이비야."

죽기 전에 꼭 봐야 하는 영화 〈바람과 함께 사라지다〉에서 스칼렛이 빛나는 파란 눈을 가진 딸을 낳자, 레트는 감격에 겨워 이렇게 소리친다. "내 딸 눈 좀 봐! 보니 블루라고 이름을 지어야겠어." 작고 파랗게 빛나는 내 차 이름을 베이비 블루라고 짓기로 했다. 아직 품어보지 못한 나의 베이비는 용맹한 푸른빛의 베이비다. 어쩌다 나는 아프리카에서 자식 같은 차를 갖게 되었을까.

탄자니아에서 세렝게티 사파리를 마치고 나자 아프리카가 더 궁금해졌다. 그곳에서 사람들은 어떻게 살아가는지 직접 보고 싶어졌다. 하지만 아프리카는 굉장히 큰 대륙이고 어디서부터 어떻게 접근해야 할지 감이 오지 않았다. 혹시 아프리카에 대한 정보를 얻을 만한 곳이 있지 않을까 싶어 찾아봤더니 놀랍게도 회사 근처에 탄자니아 대사관이 있었고, 그곳에서 아프리카에서 가장 많이 사용하는 언어인 스와힐리어 수업도 진행하고 있었다. 여러분이 아시는 '하쿠나 마타타(걱정하지 마)'가 스와힐리어다.

일주일 두 번의 점심시간에 스와힐리어를 배우다가 어느 날 나의 선생님, 투누(스와힐리어로 '선물'이라는 뜻)에게 아프리카 여행을 혼자 해보고 싶다고 말하자 우간다를 추천해줬다. 다른 아프리카 국가들에 비해 '상대적으로' 안전하고 크기가 작아서 이동이 '비교적' 수월하다고 했다. 듣고 보니 덤벼볼 만한 나라인 거 같아, 몇 달 후 연차를 붙여 열흘 동안 우간다로 여행을 떠났다.

빅토리아 호수 옆에 위치한 엔테베 공항, 굉장히 친자연적인 우간다 유일의 공항에 내려서야 비로소 내가 지금 무슨 짓을 한 건지 겁이 나려고 하길래 속으로 이렇게 생각했다. '나는 스와힐리어로 인사도 할 줄 알고 숫자도 셀 줄 아니까 괜찮아!' 하지만 여행 첫날, 우간다는 루간다어와 영어가 공용어고, 스와힐리어는 거의 사용하지 않는다는 걸 알게 됐다.

낭패였지만 고개를 들어 올려다본 하늘이 너무나 파랗고 공기가 바삭하니 좋았다. 적도에 위치한 나라가 왜 이리 날씨가 좋은지, 아침에 일어나면 다소 쌀쌀한 늦가을, 한낮엔 건조하고 뜨거운 여름, 해가 지면 다시 초봄이 되었다. 한낮에도 그늘에 들어가면 금방 선선해져서 싸 들고 간 비키니가 무색할 정도였다.

날씨가 우간다의 예상하지 못했던 장점이라면, 그 외의 모든 것은 단점에 가까웠다. 전기가 예고 없이 끊기고, 도로가 예고 없이 끊기고, 호의가 예고 없이 끊겼다. 고정된 가격이라는 것이 없어서 가게에서 맥주를 살 때도 흥정을 하며 매번 속고 있다는 기분을 느꼈다. 뭔가 이상해도 많이 이상한 나라였다. 이 미지의 나라에 대한 궁금증을 풀기에 열흘은 너무 짧은 시간이었다. 더 알고 싶었다.

그래서 퇴사 직후, 다시 우간다로 날아가 퇴사자의 특권으로 두 달을 여행했다. 장바구니 물가와 숙박비가 저렴한 이 나라에서 여행자의 가장 큰 고정 지출은 차 렌트비였다. 버스, 지하철, 기차가 없어서 단거리 이동은 오토바이 택시로, 장거리 이동은 승합차 택시로 해야 하는데 매번 흥정을 해야 하는 데다 사람이 다 차야만 출발하는 승합차에 끼어 타는 것도 보통 일이 아니라 여러 도시를 여행하려면 렌터카 이용은 필수였다.

우간다에는 도로가 깔리지 않은 자갈길과 진흙길이 많고, 고속도로라 할지라도 곳곳이 움푹 패 있다. 한국의 비단길 운전에만 익숙한 나로서는 엎어지거나 미끄러지지 않고 목적지에 도착하려면 사륜구동이 간절했다. 하지만 사륜구동차는 렌트비가 비싸서 일반 차를 빌리고는 오프로드를 만날 때마다 사륜구동을 열망했다. 그러다 하루는 두 달치 렌터카 비용과 중고차 가격을 비교해봤더니 장기 여행을 한다면 차를 한 대 사는 것이 오히려 나을 수도 있겠다 싶었다. 비용만 따져보면 그렇다는 거다. 이미 한국에서 중고차를 사봤기 때문에, 중고차 매매가 얼마나 번거롭고 품이 많이 드는지, 위험부담은 또 얼마나 큰지 잘 알고 있었다. 심지어 내 나라도 아닌 타국에서라면 그 부담은 몇 배, 아니 몇십 배로 커진다. 무엇보다 다시 올지 안 올지도 모르는 나라에서 차를 산다는 게 말이 되나.

두 달을 여행하자 우간다의 단점이 더 확실해졌다. 이 나라에서는 할 일이 없다. 일단 여행자의 필수 코스인 박물관, 미술관, 공원, 산책로가 없다. 대자연이 있지만 거기까지 도달하기 위한 도로와 내부를 탐험할 루트가 부실하다. 미식을 위한 식당이나 카페가 없다. 있다고 한들 메뉴가 한정적이다. 결론적으로 도시는 도시대로 심심하고 시골은 시골대로 심심하다.

여행자에게 치명적인 단점을 가진 나라에서 두 달 동안 '무엇을 할까'가 아닌 '무엇을 안 할까'를 고민하며 하루하루를 보냈더니 이상하게 머리가 맑아지는 기분이었다. 이런 걸 문명인들은 디톡스라고 하는 걸까. 건강하고 여유로워진 몸과 마음을 기념품으로 달고 달랑달랑 한국으로 돌아오자 정글은 아프리카가 아니라 서울에 있었다. 프리랜서 달력에 주말은 빨간색으로 표시되어 있지 않아서 어쩌다 보면 하루도 쉬지 않은 채 몇 주가 훅 지나가 있었다. 그럴 때면 우간다가 그리웠다. 불안하되 자유로운 것이 프리랜서의 정체성이라면 불안하게 몰아서 일하고 자유롭게 몰아서 쉬고 싶다는 생각을 하게 됐다. 아니, 프리랜서의 의무이자 권리가 다양한 일을 동시에 할 수 있는 거라면 우간다에서도 할 수 있는 일을 몇 가지 가지면 좋겠다는 생각을 했다. 응? 나 지금 우간다에 또 갈 생각을 하는 건가? 그러면 차를 사야 하는 거 아닐까?

차를 산다는 것은 어떤 인생을 살 것인지와 맞닿아 있는 결정이기도 하다. 면허를 따고 나서 십 년 넘게 차 없이 가끔 공유 자동차를 몰면서도 불편함 없이 살던 나는 회사에서 승진을 하고 차량 보험금과 주차 공간을 지원해준다는 말에 차를 샀다. 차를 사고 주차장이 생기니 이 회사에 한동안 더 열심히 다녀야겠다는 생각이 들었다.

출근을 자차로 하게 되자 동선에 수영장을 넣을 수 있게 되었다. 집과 회사 사이의 수영장에 등록해 월수금 아침에는 눈곱도 떼지 않고 집을 나섰다가 눈두덩에 물안경 자국을 얹고 회사로 향했다. 차를 집으로 가지고 와야 다음날 수영을 갈 수 있기 때문에 저녁 약속은 되도록 월요일과 수요일만 잡게 되었다. 차를 샀더니, 저녁 약속을 줄여서 아침 수영을 하는 단정한 인생이 시작된 것이다. 우간다에서 차를 산다면 어떤 인생이 시작될까?

결국 우글맵이 인생 최초의 통장을 개설하러 은행에 갔다. 반나절이 걸려 계좌번호와 ATM카드라는 것을 받고는 사진을 나에게 전송했다. 한국의 내가 집 근처 은행이 문을 열자마자 가서 우간다 송금은 처음이라는 주임님(이 글의 맨 앞에 등장하는 그분이다)과 마주보고 15개의 알파벳으로 이루어진 길고 긴 덱스타의 본명을 입력하기 위해 알파벳을 하나씩 주고받았다. 내가 "M" 하면 주임님이 "M", 내가 "U" 하면 주임님이 "U" 했다. 송금 완료를 기다리는 사이 주임님의 우간다에 관한 호기심도 풀어줬다. 이제는 툭 치면 탁 나오는 이야기들이다.

"아유, 당연히 모르실 수 있죠. 우간다는 동아프리카에 위치한 한반도 2.5배 크기의 나라로, 수도는 캄팔라예요. 아프리카라고 하면 대자연을 연상하기 쉽지만 도시는 서울처럼 번잡하죠. 유명한 것으로는 빅토리아 호수와 나일강이 있어요. 적도를 지나는 나라지만 의외로 연중 날씨가 온화하며 비행깃값은 뉴욕 왕복보다 싸답니다. 한번 놀러 가시죠."

송금에는 사나흘이 걸린다고 했다. 수수료도 우간다 측 은행에서 얼마나 뗄지 봐야 안다고. 나흘 뒤, 짜이를 팔던 중 주임님한테 전화를 받았다. "알 수 없는 이유로 송금이 거절돼서 돈이 돌아왔어요. 그런데 우간다 은행에서 수수료를 왕창 떼서 또 이걸 원화로 환전하면 수수료가 나갈 거 같은데 달러 통장을 만드시는 게 좋겠어요." 짜이집에서 유일하게 마음이 불편했던 순간이었다.

송금이 거절된 것은 계좌번호를 잘못 적었기 때문이었다. 아시겠지만 한국인들은 이런 실수를 놀라울 정도로 하지 않는다. 역시나 잘못 적은 것이 아니라 애초에 우간다 캄팔라의 은행 직원이 계좌번호를 잘못 알려줬던 것이었다. 본인이 한 실수의 수수료를 나에게 청구하다니 보통내기가 아니다. 내가 멋진 리더들처럼 "실수해도 돼. 책임은 내가 진다"라고 미리 말했더라면 좋았을 텐데 그러지 못해 아쉬울 뿐이었다.

이번에는 주임님과 새로 받은 계좌번호를 서로 하나씩 부르며 송금을 완료했고, 며칠 뒤 덱스타의 통장에 돈이 꽂혔다. 그 후로는 덱스타의 모험이었다. 중고차 구매가 골치 아픈 것은 끝없이 의심을 해야 하기 때문이다. 이 점에 있어서는 한국이나 우간다나 매한가지였지만 그 속내는 달랐다. 한국에서는 겉으로는 멀쩡해 보이는 이 차가 속도 멀쩡한지 알 수가 없어서 속도 겉과 같기를 바란다면, 반면 우간다에서는 겉으로 봐도 멀쩡하지 않은 차가 속은 그래도 괜찮지 않을까 하며 겉과 속이 다르기를 희망해야 한다. 덱스타는 그런 희망을 품고 수십 대의 낡은 차문을 열고, 낡은 운전석에 앉아 낡은 열쇠를 돌려 시동을 걸고, 낡은 보닛을 열어 엔진 소리를 들었다. 속이 멀쩡하면 가격이 멀쩡하지 않았고, 가격이 멀쩡하면 속이 멀쩡하지 않았다. 사람 사는 거 어디나 똑같다는 걸 알게 되었다. 매일 희망과 실망을 오갔다. 한 달이 지나 포기하고 싶던 어느 날, 늘 문을 닫아서 가보지 못했던 중고차 매장에 마지막으로 가보기로 했다. 그리고 그곳에서 세상에서 제일 강한 베이비, 나의 베이비 블루를 만났다.

시력이 떨어져서 한국에서는 안경 없이 넷플릭스 보기도 힘든데, 엔테베 공항 주차장에 들어서자 안경을 쓰지 않고도 저 멀리서 나를 기다리고 있는 베이비 블루가 또렷하게 보였다. 심장이 뛰었다. 오른쪽 이마에 라디오 안테나가 삐죽하게 솟아 있다. 무용지물인 더듬이마저 이렇게 예쁘다니 소름이 돋는다. 둔탁한 파란색 문을 열고 강렬한 빨간색 시트에 앉아 시동을 거니 깊은 울음이 터졌다. 기어 아래로 동전을 꽂을 수 있는 칸이 있다. 귀여워 죽겠다. 기어를 R로 내리고 후방 카메라 없이 고개를 돌려 후진을 했다. 기어를 D에 놓고 드디어 베이비 블루와 공항 밖으로, 세상으로 나간다. 출발! 응? 생각보다 잘 안 나가네? 핸들은 왜 이렇게 안 돌아가지? 당황하는 나를 보며 덱스타가 말한다. "베이비는 진짜 베이비처럼 소중하게 다뤄야 돼. 너무 밟지 마." 그렇구나. 다시, 나의 베이비 블루와 시속 70킬로미터로 출발. (에어컨 고장이라) 활짝 연 창문으로 그리웠던 바람이 느긋하게 들어온다. 잘 돌아가지 않는 핸들을 꼭 쥔다. 이 차는 내 인생을 어디까지 데려다줄까.

장기 여행과 사는 것의 차이는 무엇일까. 가지고 훌쩍 떠날 수도 그렇다고 버릴 수도 없는 존재가 생겼다면 그것이 산다는 게 아닐까. 세 번째로 온 우간다에서 첫 주에 내가 한 일은 관광도 미식 탐험도 힐링도 아니라 백미러에 코끼리 인형과 방향제를 달고, 가루비누를 물에 풀어서 세차를 하고, 정비소에 가서 엔진오일을 교체한 것이었다. 숙소에 돌아오면 내 발코니에서 가장 잘 보이는 곳에 주차를 했다. 아침에 눈을 뜨면 발코니에 나가 베이비 블루에게 안부를 묻는다. 잘 잤니? 아픈 데는 없고? 오늘도 달릴 수 있겠니?

둘째 주에는 베이비 블루를 타고 처음으로 장거리 운전을 했다. 일곱 시간을 달려 작년에 에어비앤비 호스트로 만나 친구가 된 존폴의 집에 갔다. 작년에는 이 오두막 앞 진흙길에 렌터카 바퀴가 빠져서 동네 아저씨들의 도움으로 겨우 빠져나왔는데, 세상에서 제일 강한 베이비답게 베이비 블루는 엉금엉금 거침없이 지나갔다. 존폴이 내 베이비의 파워에 감탄하며 앞으로 자신을 '엉클 존폴'이라 불러달라고 한다. 베이비 블루에게 삼촌이 생겼다.

하루는 길고 긴 자갈길을 달리다가 베이비가 멈췄다. 내려서 살펴보니 바닥으로 알 수 없는 액체가 뚝뚝 떨어지고 있었다. 늘 나에게 긴장하지 말라고 말하는 텍스타가 긴장하는 기색이 역력했다. 다행히 멈춰선 곳이 누군가의 집 앞이라 집주인 아주머니가 나와서 아는 차 수리공을 불러줬다. 우간다 사람들은 낡고 오래된 차를 타는 것이 일상이라 누구나 주치의처럼 '잘 아는 차 수리공'이 있다. 몇 가지 공구를 들고 오토바이 택시를 타고 온 수리공이 내 베이비의 오른쪽 앞바퀴를 떼어내고 기어들어가서 알 수 없는 철제 조각을 들고 나오더니, 나사 하나가 빠져서 '하이드로닉 오일'이 새는 거라고 말했다. 난생처음 들어보는 단어길래 그게 뭐냐 물었더니 정말 모르냐는 눈치다. 정말 모른다. 브레이크를 밟을 때 쓰이는 오일이란다. 아마도 헐거웠던 나사가 이 자갈길을 지나면서 차가 흔들리며 완전히 풀려 떨어진 거 같다고, 흔한 일이라고 했다. 어쨌든 지금 다시 오토바이를 타고 가서 나사랑 하이드로닉 오일을 가져올 테니 쉬고 있으라고 했다. 집주인 아주머니의 호의로 시원한 집 안으로 들어가 아주머니 그리고 아주머니의 어머니와 함께 나이지리아 드라마를 보며 기다렸다. 며느리랑 바람을 피우는 시아버지라니, 막장이다. 몇 시간 뒤, 오일을 채워 넣고 새 나사로 꽉 조이자 베이비는 다시 달릴 준비가 되었다. 다만 안전을 위해, 모든 나사를 한번 점검해보기로 했다. 일정에 정비소가 들어간다.

사랑한다는 것은 뭘까. 어떤 존재의 확실한 단점을 알고 나서도 차마 곁을 떠나지 못하는 것이 아닐까. 그 단점을 잊고 싶어서 구석구석을 뒤집어 살피며 작고 우스운 장점들을 찾아내는 집요한 행위가 아닐까. 그 행위를 통해 가보지 못했던 세계로 한번 가보는 것이 아닐까.

단점이 많은 나라를 사랑하게 되어서 단점이 많은 차를 사게 되었다. 단점이 많은 차를 사랑하게 되어서 단점이 많은 내가 애를 쓰게 되었다. 이 나라의 장점을 하나라도 더 찾고 싶어서 단점이 많은 차를 타고 구석구석을 돌아다닌다. 이 낡은 차의 장점은 어떤 길이라도 아주 천천히 달리는 것, 느리게 바뀌는 창밖을 보며 이 나라의 장점은 뜨겁고 급한 나를 식히고 잠재우는 재주라는 걸 알게 된다. 나의 장점은 이 엉망진창에서 장점을 발견해내는 재주라는 걸 알게 된다. 이 나라에 언제까지 오게 될지, 이 차가 언제까지 달릴 수 있을지, 내가 언제까지 살 것인지는 모르겠지만 오늘은 사랑하는 나라에서 사랑하는 차를 타고 사랑하는 하루를 보냈다. 사랑하기 전에는 몰랐던 세계로 들어왔다. 이것이 나의 인생이다.

Ending Writing VI

장례식 리허설
with 장례식 시나리오 쓰기

―――――――――

✽❁✽

 엔딩 라이팅 마지막 시간에는 장례식 리허설을 합니다. 앞서 썼던 부고기사, 묘비문, 유품과 편지, 장례식 기획서를 편집해서 자신의 장례식을 진행해보는 거죠.
 〈인생 끝 카페〉 워크숍을 기획하면서 마지막 시간에는 관 체험을 해보면 좋겠다 싶었어요. 시간이 걸릴 수 있으니까 미리 알아보기로 했죠. 관은 어디서 살 수 있을까요? 검색을 해보았더니 모든 것을 파는 중국에서 관도 온라인으로 팔더라고요. 제 차에 실어 가져가야 하니 나무관보다는 좀 가벼우면 좋겠다 싶었는데, 역시 있더라고요. 제가 찾은 종이관은 성인 신체 사이즈의 돋보기 안경집처럼 납작하게 생겼는데, 금색, 빨간색, 주황색 등 색상이 다양하고 하나같이 화려했어요. 이왕이면 금색이 좋겠지요?

6만 4천 원이라는 놀라운 가격으로 결제를 하고 나니 며칠 후 모르는 번호로 전화가 왔어요. 중국 쇼핑 구매 대행업체에서 일하는 직원인데 주문한 관에 조금 문제가 생겨서 연락을 했다고 하더라고요.

"고객님, 조심스럽지만… 상품이 언제 필요하신가요? 상품이 커서 항공 배송이 안 될 수도 있는데, 그럼 해운으로 보내야 하고 그러면 시간이 한 달 가까이 걸리거든요. 아무래도 상품이 상품이니만큼 특정일에 필요하실 거 같아서 연락드렸습니다. 불편을 드려 죄송합니다."

직원의 목소리와 태도는 문상객처럼 엄숙했어요. 관을 주문한 사람의 예상 가능한 상황에 대한 예를 다하고 있었습니다. 웃음이 나기도 했지만 직원의 예의가 고맙고 감동적이었어요. 저도 상주처럼 진지하게 답했습니다.

"연락 고맙습니다. 한 달 정도면 괜찮을 거 같아요. 늦더라도 보내주세요."

양해해줘서 고맙다는 말을 들으며 전화를 끊고, 저는 일주일 뒤에 또 같은 번호의 전화를 받았습니다.

"고객님, 역시 크기 때문에 해운 배송을 해야 하는데 그러면 항구부터 고객님 댁까지 추가 배송료가 발생할 수 있어요. 거듭 불편을 드려 정말 죄송한데, 괜찮을까요?"

"네, 알아봐주셔서 고맙습니다. 추가 배송료가 나오더라도 보내주세요."

역시나 이해해줘서 감사하다고 하시더라고요. 그런데 또 며칠 뒤 전화가 걸려옵니다.

"고객님, 정말 죄송하지만 해운으로 보내려면 관을 최소 300개를 보내야 한다고 하네요. 아니면 컨테이너가 다 찰 때까지 기다려야 되는데, 아무래도 그렇게 오래 기다리실 수는 없을 거 같아서 연락드렸어요. 취소해드릴까요?"

"아… 300개요…? 어쩔 수 없이 취소를 해야겠네요."

300개의 관을 받아든 저를 잠시 생각해봅니다. 조금 무섭네요. 하지만 워크숍 마지막 날은 다가오고 저는 무서워하고 있을 시간이 없었습니다. 구매할 수 없다면 만들면 어떨까요? 재료는 압축 스티로폼이 적당하지 않을까요? 역시 검색을 해봤더니 없는 게 없는 대한민국 쇼핑몰에 압축 스티로폼 주문 제작을 할 수 있는 곳이 있었어요. 프리랜서의 팀원, AI에게 도움을 요청했지요. 이름도 없는 제 팀원이 관 도면을 그려주고 관 조립과 해체에 용이한 종이테이프 구매를 추천해줬어요. 그리고 이틀 뒤, 하얀색 압축 스티로폼 8조각이 저희 집으로 배달되었고, 저는 파란색 종이테이프를 이용해 그리스 지중해 느낌이 물씬 나는 관을 뚝딱 제작했답니다.

이제 여러분의 장례식 리허설을 위한 시나리오를 써봅시다. 새로 쓰지 않고, 지난 다섯 번의 엔딩 라이팅 시간 동안 쓴 것들을 가져와서 조합해볼 거예요.

지난 다섯 번의 엔딩 라이팅

나의 죽음 한 줄 정의	How & What 버킷리스트	6줄 부고기사	나의 묘비문	장례식 기획
바나나/ 태풍/ 죽음	좋아하는 문장 5개	동경하는 인생	나의 자음 고르기	일시/ 장소/ 컨셉
맹세/ 신발/ 죽음	How 버킷리스트 5개	나의 인생	나의 장점 단어 3개	복장/ 음악/ 음식
사랑/ 바람/ 죽음	What 버킷리스트 5개	이룬 것/ 못 이룬 것	나의 단점 단어 3개	유품/ 부장품

이렇게 다양한 글을 쓰며 죽음을 구체화해보았죠. 그중 몇 개를 가져와서 장례식 시나리오를 써보는 거예요. 저도 제 시나리오를 한번 써봤습니다. 읽으면서 저의 장례식 현장을 상상해보세요.

안녕하세요. 노윤주입니다.
저의 장례식에 와주셔서 고맙습니다.
제가 죽어서도 보고 싶은 50분을 모셨습니다.
저는 저의 장례식이 소풍 같기를 바랍니다.
음악은 브로콜리너마저의 '졸업',
음식은 김밥과 맥주를 준비했습니다. 마음껏 즐겨주세요.
제가 입고 있는 옷은 제가 평소에 가장 자주 입던
원피스입니다.
저는 제가 훗날, 이렇게 죽음을 맞이하길 바랐습니다.
'태풍처럼 죽음이 무섭게 다가와도
바나나 하나를 천천히 음미하며 먹다가 죽고 싶다.'
저는 불리한 싸움이라도 일단 한번 해보는 인생을 살고
싶었습니다. 그래서 "그게 되겠어?"라는 말을 하지 않으려고
매일 노력했습니다.
저를 자유롭게 해줬던 제 첫 차를

친구 루나에게 주고 싶습니다.

저를 이렇게 기억해주신다면 좋을 것 같습니다.

'농담은 전부 진담이었다.

당신에게 낮잠 같은 사람이 되고 싶었다.

한 가지만 부탁할게요. 낭만을 포기하지 마세요.'

(이어 부장품과 함께 관이 입장하고, 누군가 부고기사를 낭독합니다.)

〈인생 끝 카페〉 마지막 시간에는 입관 의상을 입고, 장례식에 내고 싶은 음식과 음료를 가져오시라고 말씀드려요. 그리고 한 명씩 나와 장례식 리허설을 합니다. 장례식 당사자가 자신의 시나리오를 읽다가 관에 들어가 누우면 제가 관 뚜껑을 닫아드리고, 다른 한 분이 부고기사를 낭독합니다. 어떤 분은 문상객들이 아니라 관 옆으로 가서, 관에 누운 사람의 머리 가까이에 앉아 낮은 목소리로 그러나 또박또박 부고기사를 읽어주셨어요. 열심히 잘 살았다고 격려하는 것 같아 뭉클했습니다. 관 속에서 자신의 인생 이야기를 듣는 기분은 어떨까요. 박차고 일어나서 다시 살고 싶을까요? 좋은 인생이었다 생각하며 눈을 꼭 감을 수 있을까요? 여러분도 꼭 체험해보셨으면 좋겠습니다.

나의 장례식 시나리오

인사말 — 안녕하세요. _____입니다.
저의 장례식에 와주셔서 고맙습니다.
제가 죽어서도 보고 싶은
_____을 모셨습니다.

**장례식
컨셉 설명** — 저는 저의 장례식이
_____ 같기를 바랍니다.
음악은
_____

_____,

음식은
_____

_____를
준비했습니다. 마음껏 즐겨주세요.
제가 입고 있는 옷은
_____입니다.

**이상적인
죽음 정의** — 저는 제가 훗날,
이렇게 죽음을 맞이하길 바랐습니다.

저는   — **버킷리스트 1쌍 소개**
How   인생을 살고 싶었습니다.
그래서 What
노력했습니다.

                        를 — **유품 1개 + 편지**
                  에게 주고 싶습니다.

저를 이렇게 기억해주신다면 좋을 것 같습니다. — **묘비문**

부장품과 함께 관 입장(음악 Play)

부고기사 대리 낭독(1명 선택)

5분 정도의 짧은 리허설이지만 장례식을 보고 있으면 살아온 인생보다도 살고 싶은 인생이 보였습니다. 어떻게 살고 싶은지, 무엇을 소중히 여기고 싶은지, 무엇을 향해 노력하고 싶은지 손에 잡힐 듯 그려졌습니다. 각자가 인생을 얼마나 사랑하고 있는지 느껴졌어요. 아마 여러분도 직접 쓴 장례식 시나리오를 읽다 보면 내가 얼마나 내 인생을 사랑하고 있는지 새삼스레 알게 되실 거예요. 이런 인생을 두고 떠날 수 있을까요? 아직은 안 떠나셔도 좋습니다.

장례식 도중 살아서 돌아온 사람처럼 힘차게 관을 박차고 일어나, 내가 쓴 인생을 살아가면 됩니다. 그만두고 싶었던 것을 그만두고, 하고 싶었던 것을 시작하면 됩니다. 조금 더 용감하게 자신의 인생을 사랑하면 됩니다.

이것으로 여섯 번의 엔딩 라이팅을 모두 마치겠습니다. 긴 시간 동안 함께해주셔서 고맙습니다.

Ending Talk

죽음을 주제로 이야기하기

이 책을 쓰면서 여러 번 '이거 나중에 엄마한테도 물어봐야겠다', '이거 친구랑도 꼭 해봐야겠다'라고 생각했지만, 결국 한 권을 다 쓸 때까지 실행에 옮기지 못했다. 우리 관계에는 늘 '다음이 있다'는 안락하고도 안일한 믿음에 기대어 나중으로 미뤄졌기 때문이다. 문득 '독자분들도 이러시면 어떡하지?'라는 생각이 번쩍 들자, '엔딩 라이팅'으로 이 책을 끝낼 수는 없었다.

그래서 내 인생에서 소중한 사람들이자, 이 책에도 등장해 여러분께 익숙한 세 분과 '엔딩 토크'를 나누었다. 죽음이라는 주제로 대화를 하려면 어떻게 말을 꺼내야 할지, 마치 초인종을 누르는 법조차 몰라 본론으로 들어가지 못하는 분들께 작은 도움이 되고 싶어 대화 전문을 실었다.

일러두기
대화의 생생함을 전하기 위해 입말을 살려 글로 옮겼습니다.
그 과정에서 수정을 최소화해 어법에 맞지 않는 표현이 있을 수 있으니
양해해주시기 바랍니다.

Ending Talk I

대상 | 조진숙 님. 나의 엄마(61p에 등장)

일시 | 2025년 9월 14일 일요일 오후 3시

장소 | 엄마 집 거실 소파(62p에서 퇴사를 발표했던 곳)

엄마의 첫 손녀이자 나의 첫 조카인 선우의 여덟 번째 생일파티를, 선우가 좋아하는 고깃집에서 한 날이었다. 이날도 식사를 마치자마자 아빠는 당구를 치러 가셨다. 나머지 가족들은 엄마 집에 모여 잠시 놀다가, 키즈 카페 스케줄 때문에 가야 한다는 선우네를 보내고 엄마와 단둘이 남았다. 소파에 나란히 앉아 칡꽃차를 마시며 다짜고짜 엄마한테 질문을 했다.

나_ 엄마, 나 뭣 좀 물어봐도 돼? 엄마랑 가벼운 인터뷰를

해보려고.

엄마 무슨 인터뷰? 그런 중요한 거는 미리 질문을 보내줘야지.

나 에이, 무슨 미리 그런 걸 보내. 엄청 쉬워.

엄마 해 봐.

나 있잖아, 사람들이 죽음을 받아들이기 힘든 데에는 크게 4가지 이유가 있대. 1번, 살면서 하지 못한 것에 대한 미련이 남아서. 2번, 죽음 자체가 두려워서. 3번, 죽기까지 몸이나 마음이 아플까 봐. 4번, 남은 가족이 걱정돼서. 다시 한번 말할게. 삶에 대한 미련, 죽음 자체의 두려움, 죽기 전까지의 고통, 남은 가족에 대한 걱정. 전체를 100이라고 했을 때 엄마는 뭐가 얼마나 두려운지 점수로 말해봐.

엄마 음… 1번 15, 2번 30, 3번 40, 4번 15.

나 가족 걱정 15? 엄마는 내 걱정이 안 돼?

엄마 응. 안 돼. 너희 오빠 결혼해서 애들 낳고 잘 살고, 너는 너 알아서 잘 살고, 나는 너희 걱정은 안 해. 미련도 거의 없어. 내가 할 일 다 했잖아. 아내로서, 엄마로서 할 일 다해서 이제 내 손 갈 일 없으니까. 지금은 봉사활동이랑 취미생활이랑 나 하고 싶은 거 다 하고 사니까 미련 없지.

나 진짜 좋겠다. 그래도 죽음은 두려워? 2번을 30점이나 줬잖아.

엄마 안 해봤잖아. 그러니까 무섭지. 난 종교가 있으니까 사후세계가 있다는 건 믿지만 가는 동안은 혼자니까 조금 무서울 거 같아. 근데 많이 무섭지는 않아.

나 그럼 죽을 때까지 아플까 봐 제일 걱정이야?

엄마 그렇지. 죽으면서 아플까 봐가 아니라 아프면서 오래 살까 봐 걱정이지. 처참하게 될까 봐. 애들이 나를 떠나갈까 봐. 주변에 아픈 사람들이 많잖아. 이번 달에도 모임에 안 나오겠다고 한 사람이 둘이야. 왜 안 나오냐고 물어봤더니, 모임을 싹 정리하고 있다는 거야. 집에 있겠대.

나 왜? 아프셔서?

엄마 나이 들면 인간관계를 정리하는 사람들이 많아. 크게 아프지 않더라도 무릎이랑 허리 그리고 귀랑 눈이 안 좋아지는데, 그럼 밖에서 사람 만나는 게 힘들잖아. 그래도 나는 전화해서 나오라고 설득하는데, 내가 아직 안 아파서 모르는 거라고 말하더라고. 나가고 싶어도 못 나가는 거니까 이해는 가지. 나는 다행히 아직은 요가도 하고 공원도 걷고 어디든 잘 다니지만 나중에라도 혹시 내 의지만으로 안 될까 봐 걱정되지.

나_ 나도 그게 제일 무서워. 나도 미련은 없을 거 같아. 그럼 엄마는 다시 태어나면 어디에서 뭐 하는 사람으로 태어나고 싶어?

엄마_ 다시 태어나는 건 생각해본 적이 없는데.

나_ 다시 태어나고 싶기는 해? 사람이 아니어도 되고.

엄마_ 음… 그럼 나는 종달새로 태어날래.

나_ (의외의 대답에 웃음이 터짐) 종달새?

엄마_ 왜 웃어. 종달새 예쁘잖아. 울음소리도 예쁘고 생긴 것도 예쁘고.

나_ 독수리한테 잡아먹힐 수도 있잖아(근거 없는 말).

엄마_ 죽을 때 죽더라도 예쁘게 살다 죽으면 되는 거지. 남을 즐겁게 해주는 삶을 살고 싶거든. 세상을 좀 아름답게 하고 싶어. 종달새는 아침에 기분 좋게 깨워 주잖아, 지지배배~. 보기만 해도 기분 좋고.

나_ 지지배배~ 그럼 이제 마지막 질문. 엄마를 상징하는 자음이 엄마 이름에 두 번 들어가는 'ㅈ'이라고 생각했는데, 어때?

엄마_ 난 'ㅇ'.

나_ 왜?

엄마_ 난 어렸을 때부터 예쁘다는 말을 많이 들었거든. 그러니까 'ㅇ'.

나_ 아….

엄마_ 왜? 진짜야. 요즘도 자주 들어.

나_ 알았어. 그럼 내가 이응으로 시작하는 단어 100개를 AI로 찾아서 보여줄 건데, 그중에서 엄마의 장점을 말해주는 단어 3개랑 단점을 말해주는 단어 3개를 골라봐.

엄마_ 너무 어려운 거 아니니?

나_ 아니야. 쉬워. 먼저 장점 단어부터 3개 고르면 돼.

엄마_ (한참을 보다가) 아름답다, 우아하다, 웃다.

나_ (자신의 장점으로 '아름답다'와 '우아하다'를 꼽는 사람을 처음 보았는데 그게 우리 엄마라니) '예쁘다'가 없는데?

엄마_ '예쁘다'는 애들한테 하는 말 같으니까, '아름답다'가 더 좋네.

나_ 그럼 단점은?

엄마_ (장점보다 더 한참을 봄) 언짢다, 앞서다, 우직하다.

나_ '언짢다'는 정말 엄마네.

엄마_ 마음에 안 들면 난 그렇게 언짢더라?

나_ '앞서다'랑 '우직하다'는 칭찬 아니야? 단점 고르는 건데….

엄마_ 너희 아빠가 나 맨날 빨리 앞서 걷는다고 뭐라 그러잖아. 우직한 거는 내가 뭐 하나 생각하면 고집스러워서 고른 거야.

나 그건 맞네. 그럼 이 6개의 단어 중에 3개 이상을 넣어서 엄마의 묘비문을 한번 써보는 거야.

엄마 네가 써.

나 알았어.

엄마 칡꽃차 맛있네. 좀 가져가라.

엄마와 죽음을 이야기한다는 건 어떤 기분일까? 엄마는 이런 이야기가 불편하진 않을까? 자신의 죽음보다 부모의 죽음을 상상하는 것은 훨씬 더 어려운 일이어서 피하고 싶은 일이다. 하지만 막상 해보니 인터뷰 내내 엄마는 조금도 어려워하지 않았다. 신중히 생각하고 여러 번 웃었다. 인생을 돌아보는 기분이라는 소감도 전했다. 엄마가 칡꽃차를 홀짝이며 이 차를 만들어다 준 친구가 치매가 심해졌는지 도통 연락이 없다는 말을 아무렇지 않게 하는 동안, 나는 엄마의 묘비문을 완성했다.

조진숙 님의 묘비문

아름답고 우아했다.
항상 웃었고 때론 우직하게 앞서 나갔다.
가끔 여러분을 언짢아한 것은 어쩔 수가 없었다.
미안합니다.

Ending Talk II

대상 | 덱스타 님. 우간다에서 만난 친구(177p에 등장)

일시 | 2025년 9월 13일 토요일 밤 10시(우간다 현지 시간 오후 4시)

장소 | 내 집 거실 소파와 캄팔라 근처 호숫가에서 왓츠앱

우간다 여행 중 이 책을 탈고했기 때문에, 덱스타도 내가 '죽음을 생각해보는 책'을 쓴다는 것을 알고 있었다. 우간다 시간으로 토요일 아침, 거실 소파에 앉아서 덱스타에게 역시나 다짜고짜 문자를 보냈다. "책의 마지막 부분을 쓰는 중인데, 너에게 죽음과 삶에 관한 몇 가지 질문을 좀 해도 돼?" 답이 왔다. "아침부터 이웃집 꼬마들이 마당에서 춤을 추느라 시끄러운데 이따 오후에 호숫가에 가서 해도 돼? 몸과 마음이 평화로운 곳에서 생각해보고 싶거든."

덱스타_ 나 지금 호숫가에 왔어.

나_ 지금은 마음이 어때?

덱스타_ 평화로워.

나_ 그럼 바로 시작할게.

덱스타_ 오케이.

나_ 사람들이 죽음을 받아들이기 힘든 데에는 크게 4가지 이유가 있대. 1번, 살면서 하지 못한 것에 대한 미련이 남아서. 2번, 죽음 자체가 두려워서. 3번, 죽기까지 몸이나 마음이 아플까 봐. 4번, 남은 가족이 걱정돼서. 전체를 100이라고 했을 때 너는 뭐가 얼마나 두려운지 점수를 한번 매겨 볼래?

덱스타_ 1번 100, 2번 0, 3번 40, 4번 30.

나_ 다 합쳐서 100을 만들어야 되는데, 지금 170인데?

덱스타_ 아, 미안. 근데 각각 100점 만점으로 하는 게 더 쉽잖아?

나_ 음… 그러네? 오케이. 죽음 자체는 하나도 두렵지 않아? 왜?

덱스타_ 내가 그렇게 생각하니까.

나_ 음, 그 대답 좋다. 그러면 죽을 때 무슨 미련이 그렇게 크게 남을 거 같아?

덱스타 인생에서 이루고 싶었는데 실패한 것들.

나 예를 들면 어떤 거?

덱스타 최고로 살아보고 싶었던 것.

나 최고로 살아보고 싶어? 난 그런 건 꿈꿔본 적도 없는 거 같은데.

덱스타 그래? 한 번 사는 거니까 최고면 좋잖아.

나 그럼 다시 태어난다면 어느 나라의 어떤 사람으로 태어나고 싶어?

덱스타 난 다시 태어나도 아프리카 남자로 태어나고 싶어.

나 진짜? 다른 대륙에서 살아보고 싶지 않아?

덱스타 아니. 아프리카 남자로 한 번 살아봤으니까, 다음에는 더 잘 살 수 있을 거 잖아.

나 더 잘 살기 위해 같은 인생을 한 번 더 선택한다는 게 영화적이다. 아프리카 남자로 다시 태어나서 무슨 일을 하고 싶어?

덱스타 인플루언서.

나 응? 무슨 인플루언서?

덱스타 음악이랑 패션 분야 인플루언서로 살아보고 싶어.

나 원래 네가 했던 거 아니야?

덱스타 응. 그런데 잘 안 됐으니까 다음 생에는 최고가 되어보고 싶어.

나_ 마지막 질문. 나는 너를 상징하는 알파벳을 'D'라고 생각했거든. 내가 D로 시작하는 단어를 100개 보여줄 건데, 거기서 너의 장점 3개랑 단점 3개를 꼽아줄 수 있어?

덱스타_ 이 책은 내가 모르는 사람들이 볼 거잖아.

나_ 그렇겠지.

덱스타_ 그럼 단점은 안 돼.

나_ 응? 왜?

덱스타_ 단점은 약점이잖아. 약점을 모르는 사람들한테 노출하는 건 위험하거든.

나_ 그럼 좋아하는 단어 3개랑 싫어하는 단어 3개는 어때?

덱스타_ 그건 괜찮아.

나_ 좋아하는 단어 3개는?

덱스타_ Decision(결정), Dignity(위엄, 품위), Drive(운전)

나_ 그럼 싫어하는 단어 3개는?

덱스타_ Depression(우울), Destroy(파괴), Doubt(의심)

나_ 그 단어들을 선택한 이유를 좀 설명해 줄래?

덱스타_ 나는 결정*Decision*을 내릴 때 나의 품위*Dignity*를 가장 먼저 생각해. 그리고 운전*Drive*은 내 최고의 친구잖아.

나_ 단어를 연결 지어서 문장으로 말하다니 질문의 의도를 어떻게 알았지? 그럼 싫어하는 단어를 고른 이유는?

덱스타_ 우울Depression할 때는 자신에 대한 의심Doubt이 생기잖아. 나를 의심한다는 건 나를 파괴Destroy하는 거거든. 그래서 싫어.

나_ 감탄스럽다.

덱스타_ 그래?

나_ 응. 네가 단어를 고르고 나면 그 단어들을 이어서 묘비문을 써보려고 했거든. 그런데 네가 이미 썼어.

덱스타_ 무슨 말이야?

아프리카에서도 죽음은 터부시되는 화제다. 덱스타 역시 누구하고도 죽음에 대해 이야기해본 적이 없다고 말했다. 하지만 여행을 가면 낯선 바에서 처음 만난 사람과 누구에게도 할 수 없었던 속 깊은 이야기를 하는 것처럼 외국인이라는 신분과 모국어가 아닌 언어는 금기를 넘기에 좋은 수단이 된다. 아프리카에서 살아봤으니까 다른 나라에서 태어나보고 싶지 않을까 하는 나의 편협한 벽이 무너지고, 타인에게 단점을 묻는다는 것이 보안을 뚫는 행위가 될 수 있다는 것을 배운다. 덱스타가 준 문장을 약간만 다듬어 쓴 묘비문은 이것이다.

덱스타의 묘비문

중요한 결정을 내릴 때는 너의 품위를 가장 먼저 생각하라.
우울할 때는 자신을 의심한다. 의심은 우리를 무너뜨린다.
그러니 우울할 때는 일단 생각을 멈추고, 운전을 해라.

Ending Talk   III

대상 | 솔 님. 짜이집 동료(153p에 등장)
일시 | 2025년 9월 18일 목요일 밤 9시
장소 | 경복궁 돌담길이 보이는 술집의 창가 자리

솔 님에게 쓰고 있는 책에 들어갈 인터뷰를 하고 싶은데 혹시 괜찮으시냐고 문자로 물어봤더니 "좋죠!!! 제가 무언가 해드릴 수 있다면야!!!!"라는 답이 여러 개의 느낌표를 달고 왔다. 이렇게 흔쾌한 사람이라니. 우리가 짜이집에서 함께 일했던 목요일, 솔 님의 퇴근 시간에 맞춰 짜이집 근처 술집에서 만나기로 했다. 활짝 열어둔 창문으로 가을 밤바람이 시원하게 불어 들어왔다. 돌담길 앞으로 달리기를 하는 사람들이 자주 지나갔고, 나란히 앉아 마시는 맥주는 달았다.

나_ 솔 님, 사람들이 죽음을 받아들이기 힘든 건 크게 4가지 이유가 있대요. 1번, 삶에 대한 미련이 커서. 2번, 죽음 자체가 두려워서. 3번, 죽기까지 몸이나 마음이 아플까 봐. 4번, 남은 가족이 걱정돼서. 전체를 100이라고 했을 때 솔 님은 뭐가 얼마나 두려워요?

솔_ 전 이거 바로 대답할 수 있어요. 1번, 100.

나_ 오, 흥미진진! 제가 이 질문을 100명 정도에게 건네봤는데 1번에 몰빵한 사람은 솔 님 전에 딱 한 분 있었어요.

솔_ 오! 어떤 분?

나_ 재윤 님이라고, 제가 진행하는 워크숍 〈인생 끝 카페〉를 운영하는 HFK의 대표세요(128p에 등장). 솔 님 조만간 카페 오픈하시잖아요. 이렇게 '모 아니면 도'여야 사업 하나 봐요. 멋지다!

솔_ 그런 말 들으니까 갑자기 땀이 나네요(어디선가 향수를 꺼내 겨드랑이에 뿌림).

나_ 향이 좋네요. 이유는 뭐예요?

솔_ 저는 제가 컨트롤할 수 없는 거에는 미련이 없어요. 죽음도 병도 가족도 내 마음대로 되는 건 하나도 없잖아요. 그런데 내 맘대로 더 놀 수는 있었잖아요. 그래서 죽을 때 더 놀지 못한 게 후회될 거 같아요.

나_ 대범하다. 그럼 다시 태어난다고 하면 어떤 사람으로 태어나고 싶어요? 사람이 아니어도 돼요. 솔 님 어쩐지 사람이 아닐 거 같아서 말하는 거예요.

솔_ 사람이에요. 원시인.

나_ (귀를 의심하며) 네? 원시인이요? 과거로 가고 싶다는 의미인가요?

솔_ 음… 과거일 수도 있고 아닐 수도 있는데 비문명적인 곳. 배고프면 사냥하고 해지면 자고 아프면 아프고, 그런 뭐랄까 지구에 가까운 삶인데….

나_ 자연의 순리대로 사는 삶?

솔_ 맞아요. 바로 그거예요.

나_ 와. 원시인으로 태어나고 싶다니 상상도 못했어요.

솔_ 이상해요?

나_ 하나도 안 이상해요. 너무 재밌어요.

솔_ 지금 제가 도시에서 사니까 이런 생각하는 건지도 모르지만, 자연에 가깝게 살아보고 싶어요.

나_ 이러니까 마지막 답변이 기대되는데요. 솔 님의 이름에 들어간 'ㅅ'으로 시작하는 단어를 100개 찾아왔거든요. 이걸 보면서 솔 님의 장점 3개랑, 단점 3개를 고르면 제가 묘비문을 써드릴게요. 한번 골라보실래요? 그 사이 저는 화장실을 좀 다녀올게요.

(잠시 후)

솔_ 단점을 찾는 게 너무 어려운데요?

나_ 그럼 싫어하는 단어로, 천천히 고르셔도 돼요.

솔_ 골랐어요.

나_ 장점 단어는?

솔_ 사람, 사랑, 새싹.

나_ 싫어하는 단어는?

솔_ 숨기다, 사회, 소리치다.

나_ 사회…! 원시인이 싫어하는 사회! 장점부터 설명해줄래요?

솔_ 저는 사람에 대한 호기심이 많거든요. 그리고 사랑도 많아요. 소리내서 말하면 가슴이 좀 벅찬 그런 단어들이 있는데, 그게 '자유, 평화, 사랑'이에요.

나_ 짜이집에서 일하시는 이유를 알겠네요('사직동 그 가게'에는 여기저기에 Free, Peace, Love가 쓰여있다). 새싹은요?

솔_ 얼마 전부터 박씨를 심어서 키우고 있는데 씨앗에서 새싹이 돋는 걸 보면 정말 신기하더라고요. 싹만 돋아도 대단한 거잖아요. 그걸 잊지 않고 기억하려고 해요.

나_ 싹만 돋아도 대단한 거다.

솔_ 네. 새싹은 대단한 거다.

나_ 묘비문 어떻게 쓰지…? 싫어하는 단어는요?

솔_ 저는 스스로를 드러내는 게 좀 두려워서 숨기는 편인데, 그게 싫어서 골랐어요. 그리고 누군가 이해 안 가는 행동을 했을 때 이유를 물어보지도 않고 소리치면서 고치려는 모습을 싫어하고, 또 사회랑 나를 어떻게 연결시켜야 할지 그게 고민이에요.

나_ 그건 어떤 고민이에요?

솔_ 사회가 바라는 가치에 내 생각을 얼마나 타협하면서 살아야 하는가. 작은 예를 든다면, 제가 두유를 좋아하는데요. 두유를 다 먹고 두유팩을 씻고 말려서 모았다가 재활용을 하면 그런 거 해봤자 환경에 별 도움도 안 된다고 말하는 사람도 있잖아요.

나_ 누구예요. 데려오세요.

솔_ 엄마요.

나_ 아… 타협하지 마세요. 솔 님은 그래도 될 거 같아요.

솔_ 네?

맥주보다 맛있는 수다를 비우고 거리로 나왔다. 버스정류장까지 걷는 동안 솔 님이 술 마신 김에 이야기하고 싶다며 말을 꺼냈다. 나와 함께 일했던 것이 참 즐거웠다고, 목요일 전날 밤에는 설레기도 했다는 말이었다. 솔 님은 내가 이 책의 5장에 쓴 글을 이미 읽은 것일까? 나만 그렇게 느낀 게 아니었다니 정말 다행이었다. 솔 님은 올겨울, 친구와 함께 뜨개질 카페를 연다. 사람이 이렇게 본인의 이미지와 정확히 일치하는 일을 할 수 있다니 놀라울 뿐이다. 오래도록 고민한 솔 님의 묘비문은 이것이다.

솔 님의 묘비문

사랑을 숨기지 않았고 사람을 힘껏 품었다.
거친 사회의 마른 땅에서도
기꺼이 여린 새싹을 틔우며 살았다.

Epilogue

언제 이렇게 살아보겠어

❈❈❈

"우리 집도 좋아할 거 같은데, 한번 보러 올래요?"

남의 집을 보러 와서 자신의 집을 영업하는 사람을 처음 만났다.

임장하러 온 사람이라면 보통 수압, 층간소음, 관리비 등을 물어본다. 하지만 50대 정도로 보이는 이 단아하고 다부진 여성은 달랐다. 우리 집의 길쭉한 거실, 그 거실을 차지하고 있는 웅장한 벽난로, 작지만 정글 같은 마당, 알록달록한 침실을 꼼꼼하게 살펴보고 나서 이런 질문을 던진 것이다. 나는 20년간 광고회사에서 일하면서 각양각색의 클라이언트들을 만나보았다. 당황스러운 질문을 받아도 당황하지 않은 척 답할 수 있게 되었다. "아, 이 동네 사시나 봐요?"라고 질문을 질문으로 받는 기술, 나쁘지 않았다.

우리 집에서 걸어서 20분 거리에 산다는 그가 또 묻는다. "마당 관리, 손 많이 가죠? 우리 집 마당은 그래도 가지치기 해주는 분이 계세요." 4년 전, 마당 있는 집에 처음 이사 온 뒤로 내가 흘린 땀과 눈물이 보인다는 듯한 눈빛이다. 단아하고 다부진 얼굴에 미소가 번진다. "그냥 차 한잔 마시러 놀러오세요." 광고회사에서는 이런 상황을 두고 '감는다'라고 말한다. "오늘 회의, 제가 한번 감아볼게요"라고 허세를 담은 표현으로 쓸 수도 있고, "오늘 맥주가 좀 목에 감기네"라며 감탄하는 말로도 쓸 수 있다. 그날 나는 감을 줄 아는 손님을 만나 제대로 감겼다.

며칠 뒤, 앞이 보이지 않게 눈이 쏟아지던 날, 내가 좋아할 거 같다는 그 집을 방문했다. 마당에 가지런히 전지된 나뭇가지 위로 눈이 소복하게 쌓여 있었다. 현관에 들어서는데 한 번도 보지 못했던 구조의 집이 펼쳐졌다. 벽이 없는 집. 뻥 뚫린 거실 너머로 큰 창이 보이고, 창 너머 고즈넉한 골목으로 눈이 펑펑 쏟아진다. 그 집은 내가 좋아할 만한 집이 맞았다.

   자신의 이름을 현수(가명)라 먼저 소개한 후, 내 이름을 물은 현수 님은 그 뒤로 나를 "윤주 씨"라고 불렀다. 공과 사의 애매한 경계에서 만난 성인끼리 이름을 부르는 것이 생경하고 산뜻했다. 현수 님은 창 앞의 오래되고 묵직한 식탁으로 나를 안내하더니 즐겨 드신다는 차와 엄마가 시골에서 손수 만드셨다는 한과를 내주셨다. 주섬주섬 배낭에서 한라봉 2개를 꺼내어 내밀자 "챙겨온 마음처럼 예쁘네요"라고 말하며 남편과 하나씩 먹겠다고 하셨다. "집 사진을 좀 찍어도 될까요?"라고 물으니 "물론. 당연히"라고 군더더기 없이 대답했다. 이질적인데 이상적인 50대 여성이었다.

   이렇게 근사한 집을 왜 나가려 하느냐고 묻자, "한옥에서 살아보고 싶어서"라는 답이 돌아왔다. 현수 님은 예전에도 한옥에서 살아본 적이 있는데, 잘못 지어진 집이라 끔찍하게 추웠다고 한다. 냉골에서 도망치듯 급히 아파트를 구해 이사했지만 따뜻한 만큼 답답했고, 2년 만에 새로 집을 알아보다 이 집을 만났다고 한다. 갤러리를 개조해서 가정집으로 만들었기 때문에 벽도 방문도 없이 남녀 화장실 두 개가 나란히 붙어 있는 굉장히 이상한 집이었지만 이상하게 마음에 들었고, 이 선택이 맞나 싶었지만 '언제 이런 집에서 살아보겠어' 하는 마음으로 계약하셨다고 했다. 4년 넘게 이 집을 가꾸고 누리며 살았더니 이제는 정말 한옥에서 살아보고 싶어졌는데, 얼마 전 드디어 잘 고쳐진 한옥을 만났다고 했다. 하지만 가격 때문에 망설이는 반나절 사이에 다른 주인에게 갔고 허한 마음에 집들을 보러 다니다가 우리 집에 오게 된 것이었다. 집을 한 번이라도 구해본 사람이라면 누구나 아는 기쁨과 슬픔이다.

현수 님 부부는 취미로 주말마다 활을 쏘러 가신다며, 벽에 걸린 활을 보여줬다. 대화를 나눌수록 더 신기하고 묘하게 안정적인 사람이었다. 활을 한번 들어봐도 되느냐고 묻자 칼같은 대답이 돌아왔다. "물론. 당연히."

현수 님과 2시간 동안 온갖 주제로 떠들다가 한과 한 봉지를 받아들고 그 집을 나왔다. 눈은 그칠 기미가 보이지 않았다. 세상이 온통 폭신하고 하얘서 강아지처럼 기분이 좋았다. 왜 이렇게 기분이 좋을까. 멋진 집을 봐서? 아니다. 멋진 집은 유튜브에도 많다. 머리 위로는 눈을 맞고 머릿속으로는 현수 님과의 대화를 곱씹으며 집으로 걸어오면서 알게 되었다. 멋진 집이 아니라 멋진 인생을 봐서 이토록 기분이 좋은 거구나.

계속 현수 님의 나이를 의식한 이유는 그것이 나에게 주는 메시지가 컸기 때문이다. 20대에는 나답게 살라고 응원을 받았다. 나다운 게 뭔지도 모르겠는데 사방에서 사람들이 나답게 살지 않으면 큰일 날 것처럼 말했다. 30대가 되자 그 사람들 중 절반이 사라졌다. 이제야 나다운 게 뭔지 조금 알겠는데, 이번에는 나답게 살 수 있는 때도 얼마 남지 않았다고들 했다. 40대가 되자 드디어 내가 무엇을 좋아하는 사람이고 어떻게 살고 싶은지 명확해졌다. 그러나 나답게 사는 게 부담스러워졌다. 한국에서 '나답게 산다'는 의미는 '철없게 산다'는 말의 유의어, '살고 싶은 대로 사는 인생'은 '젊은 시절의 호기'로 대변되기 때문이다. 이상하고 나다운 내 집을 떠나려고 했던 것은 어느 날 문득, 계속 이렇게 살아도 되나 불안해졌기 때문이다. 마흔이 넘었으면 '초품아'는 아니더라도 지하철역도 가깝고 지하 주차장도 있는 번듯한 아파트에서 살아야 하는 게 아닐까. 내 나이 정도에는, 앞서지는 못해도 뒤처지지는 말아야 하는 거 아닐까. 불안함이 쳐들어온 마음속에서 나다움이 제일 먼저 자리를 뺏겼다.

그런데 현수 님을 봤더니, 살고 싶은 대로 사는 50대도 불안해 보이지 않았다. 오히려 편안해 보였다. 어른 지나 상

어른이 되어서도 '이젠 그렇게 살면 안 되지'가 아니라 '언제 이렇게 살아보겠어' 하며 살아도 되는 거라니, 엄청난 해방감이 느껴졌다. 기성세대가 되면 남과 다르게 사는 것만으로도 다음 세대에게 용기를 준다는 것을 알게 되었다. 나는 이상하고 나다운 내 집에서 더 살아보기로 했다. 다시 불안이 찾아올 때면, 이렇게 말해보기로 한다. 언제 이렇게 살아보겠어.

원하는 인생이 무엇인지 아는 것은 어렵다. 하지만 원하는 것을 알고 난 다음에, 그렇게 살아내는 것은 두렵다. 《엔딩 라이팅》은 두려움에도 불구하고 원하는 인생을 한번 살아보기 위해 우리 모두가 가지고 태어난 가장 강력한 무기, 죽음을 도구로 삼아보자는 다소 극단적인 실험을 위한 책이다. 현명한 독자분들은 나답게 사는 것이 단지 회사를 그만두고 아프리카로 가서 차를 사는 것이 아니라는 것을 아실 것이다. 나는 여러분이 어떤 인생을 살고 싶어 하는지 모른다. 다만 우리가 서로 다르기를 바랄 뿐이다. 그래서 우리가 서로의 자기다운 인생을 보며, 한 가지의 모양으로 살지 않아도 된다는 용기를 얻기를 바란다. 우리는 모두 내일 죽을 수 있다. 그렇다면 어떻게 살 것인가. 점심 메뉴를 고민하듯 매일 생각해야 하는 일이다. 이제 이 책을 덮고 나의 인생을 시작하자.

엔딩 라이팅

2025년 10월 31일 초판 1쇄 발행

지은이 노윤주

펴낸이 김은경
편집 권정희, 한지원, 한혜인
교정교열 정재은
마케팅 김사룡, 김예은
디자인 황주미
경영지원 이연정
펴낸곳 ㈜북스톤
주소 서울시 성동구 왕십리로6길 4-5 2층
대표전화 02-6463-7000
팩스 02-6499-1706
이메일 info@book-stone.co.kr
출판등록 2015년 1월 2일 제 2018-000078호

ⓒ 노윤주
(저작권자와 맺은 특약에 따라 검인을 생략합니다)

ISBN 979-11-7523-017-0 (03190)

⋯• 이 책은 저작권법에 따라 보호받는 저작물이므로 무단전재와 무단복제를 금지하며, 이 책 내용의 전부 또는 일부를 이용하려면 반드시 저작권자와 북스톤의 서면동의를 받아야 합니다.
⋯• 책값은 뒤표지에 있습니다.
⋯• 잘못된 책은 구입처에서 바꿔드립니다.
⋯• 이 책은 2025년 문화체육관광부의 '중소출판사 도약부문 제작지원' 사업의 지원을 받아 제작되었습니다.

북스톤은 세상에 오래 남는 책을 만들고자 합니다. 이에 동참을 원하는 독자 여러분의 아이디어와 원고를 기다리고 있습니다. 책으로 엮기를 원하는 기획이나 원고가 있으신 분은 연락처와 함께 이메일 info@book-stone.co.kr로 보내주세요. 돌에 새기듯, 오래 남는 지혜를 전하는 데 힘쓰겠습니다.